我国装备制造业
与生产性服务业融合研究

张维今　王淑梅　著

北　京
冶金工业出版社
2022

内 容 提 要

本书主要介绍我国装备制造业与生产性服务业融合效率研究。内容包括生产性服务业与装备制造业融合的机理分析、我国装备制造业与生产性服务业融合水平测度、我国装备制造业与生产性服务业融合效率评价、我国装备制造业同生产性服务业融合效率收敛性分析，以及提升我国装备制造业与生产性服务业融合水平的对策研究。

本书可供产业经济、区域经济、技术经济等专业的高等院校师生及科研人员参考，也可供相关领域政府部门工作人员等参考。

图书在版编目(CIP)数据

我国装备制造业与生产性服务业融合研究/张维今，王淑梅著.—北京：冶金工业出版社，2021.8（2022.8重印）
ISBN 978-7-5024-8864-2

Ⅰ.①我… Ⅱ.①张… ②王… Ⅲ.①装备制造业—产业发展—研究—中国 ②生产服务—服务业—产业发展—研究—中国 Ⅳ.①F426.4 ②F726.9

中国版本图书馆 CIP 数据核字（2021）第 141850 号

我国装备制造业与生产性服务业融合研究

出版发行	冶金工业出版社	电　话	(010)64027926
地　址	北京市东城区嵩祝院北巷 39 号	邮　编	100009
网　址	www.mip1953.com	电子信箱	service@mip1953.com

责任编辑　卢　敏　美术编辑　吕欣童　版式设计　禹　蕊
责任校对　郑　娟　责任印制　禹　蕊
北京建宏印刷有限公司印刷
2021 年 8 月第 1 版，2022 年 8 月第 2 次印刷
710mm×1000mm　1/16；8.75 印张；172 千字；132 页
定价 68.00 元

投稿电话　(010)64027932　投稿信箱　tougao@cnmip.com.cn
营销中心电话　(010)64044283
冶金工业出版社天猫旗舰店　yjgycbs.tmall.com
（本书如有印装质量问题，本社营销中心负责退换）

前　言

　　装备制造业是为国民经济和国防建设提供技术装备的产业,是国民经济发展,特别是工业发展的基础。我国装备制造业经过几十年的发展,已建立起门类齐全、规模庞大的产业体系。装备制造业的发展,可以通过其显著的溢出效应和较高的要素边际产出带动整个工业经济的发展。装备制造业的规模和水平已经成为衡量一个国家竞争能力和现代化水平的重要指标。我国装备制造业虽在新中国成立后获得了长足的发展,但同工业发达国家相比,仍然存在大而不强、自主创新能力薄弱、基础制造水平落后、低水平重复建设和自主创新产品推广应用动力不足等问题。生产性服务业是为保持工业生产过程的连续性,促进工业技术进步、产业升级和提高生产效率提供保障服务的行业,是从制造业内部生产服务部门独立发展起来的新兴产业。在市场需求的拉动力、技术进步的推动力和市场竞争压力的共同作用下,装备制造业与生产性服务业的深度融合发展已成为必然趋势,其融合过程其实就是技术含量增加与资源重新优化整合的过程。在经济新常态的背景下,基于装备制造业与生产性服务业间互动发展的融合现状,探讨我国装备制造业同生产性服务业的融合效率,对于实现制造业产业升级、提升其国际竞争力及在全球价值链中位置以及促进生产性服务业又快又好地发展具有重要的理论和现实意义。

　　本书内容主要包括对国内外产业融合的相关研究进行整理和评价、生产性服务业与装备制造业融合概述、我国装备制造业和生产性服务业的发展现状和存在的问题、两个产业的融合强度,以及分别从我国装备制造业对生产性服务业的带动效率和生产性服务业对装备制造业的支撑效率两个维度,从静态和动态两个视角分析了我国各个省市之间的效率差异,最后提出了我国生产性服务业和装备制造业融合的对策建议。

作　者

2021 年 3 月

目　　录

1 绪 论

1.1 现实背景

装备制造业是我国国民经济的重要部门，是我国的战略性产业，是各行业产业升级、技术进步的重要保障和国家综合实力的集中体现，具有产业关联度高、技术资金密集的特点。我国的装备制造业整体发展较为完善，种类丰富、设备齐全，甚至在个别行业，技术十分成熟，跻身于世界前列。从总量规模上看，我国已进入世界装备制造大国行列。我国经济重点领域的装备制造取得重大进步，一些产品的技术水平已接近或达到国际先进水平。发展装备制造业对于加快转变经济发展方式、实现由制造业大国向强国转变具有重要战略意义。

近年来随着我国装备制造业规模的不断扩大，装备制造业的核心竞争力也在不断增强，不断突破技术瓶颈，不仅在国内市场替代了进口产品，而且还有一大批先进装备制造业项目走出国门。从 2013 年开始，我国高铁就频频亮相国际市场，并相继获得了欧洲、亚洲、拉丁美洲的订单。2014 年我国北斗卫星基站落户泰国，这也是我国装备制造业"走出去"战略的一个重要成果。2015 年我国的三代核电技术"华龙一号"落户巴基斯坦，成为全球第四个能全套出口核电技术和装备的国家。目前，我国已经同 20 多个国家签订了核电的合作项目。此外，非洲的首条轻轨项目、南海的深海油田项目、苏丹的移动通信项目等的签订都标志着我国装备制造业的发展不仅在规模上处于世界的前列，而且在质量上也取得了长足的进步。

我国在 2015 年 5 月出台了《中国制造 2025》战略文件，明确指出制造行业的发展是以智能制造为核心的转型升级，把握新一轮的工业发展机遇实现工业智能化转型，是我国未来制造行业实现生产过程自动化、智能化、集成化的关键。2015 年我国装备制造业总资产达到 320359.23 亿元，主营业务收入达到 382631.22 亿元，同比增速 8.1%；装备制造业增加值同比增长 6.8%，占规模以上工业增加值的比重为 31.8%，可见装备制造业是带动我国工业快速发展的重要力量。同时我国装备制造业在企业数、从业人员、工业总产值、资产总额和利润总额等多个主要经济指标上，在我国工业体系中的比例也均超过 30%。以我国装备制造业中的两个主要行业，通用设备制造业和专用设备制造业为例，根据国家统计局资料，2011~2015 年，这两个行业的企业主营业务收入总额从 66423.41

亿元增长到 82650.80 亿元，复合增长率为 4.47%。2015 年《政府工作报告》指出，要加快实施"走出去"战略，推动铁路、电力、通信等中国装备走向世界。我国经济迈向中高端，重大装备"走出去"，正是打造新支柱、开拓新空间的重要机遇。2017 年装备制造业在创业投资、公开募股、企业并购等方面表现活跃，在轨道交通、新能源、送货无人机、工业机器人、挖掘机等领域的投资前景被看好。

根据《中国装备制造业发展报告（2018）》，2017 年我国装备制造业规模稳步上升，营业收入接近 26 万亿元，收入增速略有放缓，投资增速一改下降趋势，低位企稳；企业自主创新亮点频现，高端设备自主研发取得突破，企业专利质量进一步提升，装备制造业各行业有效发明专利数量增速均大于 20%，汽车产业表现最突出；2017 年我国装备制造业进、出口额双双增长，贸易顺差有所减小，各地加大装备制造业对外开放力度，但是对外投资合作力度明显减小。同时，在我国经济转向高质量发展阶段的背景下，我国装备制造业的经济下行压力依然较大，经营成本对企业发展掣肘作用明显，市场需求依然低迷，国际合作阻碍较多；技术创新面临着科技投入与开发不足、知识产权发展水平低、与互联网结合不深以及服务化水平低等问题；大中小企业发展、高端装备和基础设备、产品和零部件、软件和硬件等发展不平衡不充分的矛盾仍有待解决。

2018 年，全球主要经济体增长态势分化明显，贸易保护主义不断抬头，贸易摩擦持续升级，严重影响全球经济增长信心，世界经济复苏趋缓，国际货币基金组织两年多来首次下调全球经济增长预期。面对错综复杂的国际经济形势，特别是中美经贸摩擦所带来的严峻挑战，在制造强国、"一带一路"等战略持续推进下，我国装备工业保持平稳增长。随着装备制造业基数不断扩大，行业主营业务收入、利润增速或略有回落。装备制造业发展不平衡、不充分的主要矛盾继续显现。装备制造业以供给侧结构性改革为主线，坚持创新发展理念，全面开启高质量发展的新征程。

赛迪智库 2019 年的数据分析表明，2019 年我国装备工业整体延续平稳增长态势，机械工业总体平稳向好，智能制造推进逐步深化，高端装备持续创新发展，新一轮科技革命和产业变革即将加速，新旧动能转换加快。总体来看，国际贸易摩擦将继续持续，国际经济形势错综复杂，外部环境日益严峻，供给侧结构性改革任务繁重。但总体上我国装备工业发展机遇仍旧大于挑战，互联网、大数据、人工智能与装备工业将加速融合，工业机器人、增材制造、智能网联汽车以及无人机等新的经济增长点在培育中不断发展壮大。当前我国装备工业将进一步深化改革，在制造强国等战略深入实施、国内市场需求持续升级及重点工程加快建设的带动下，围绕结构调整、转型升级、动能转换、提质增效等主题，持续推进供给侧结构性改革，继续保持平稳较快增长。

装备制造业的产业关联程度较高，对其他产业具有显著的推动和拉动作用。装备制造业既能为第二产业的发展提供机器设备，同时也能为第一产业和第三产业的发展提供支持，产业的带动能力很强。同时同其他产业相比，装备制造业的技术含量更高，即需要其他部门为其提供多方面的技术、服务支持，同时其技术也会通过技术溢出，扩散到国民经济的其他行业之中，推动其他行业技术能力的提升。正是因为装备制造业在国民经济中的重要地位，装备制造业目前已经成为衡量一个国家综合实力的关键因素。

尽管我国装备制造业取得了较好的发展成果，但其面临的问题也十分严峻。

第一，由于我国装备制造业前期基础较为薄弱，再加之受历史因素影响，其发展水平相对于美国、德国等工业发达国家来说，仍然存在较大的差距，在全球价值链上的位置一直处于中低端水平。在发展过程中暴露出的一些问题，例如缺乏自主创新能力、市场竞争能力较差、水平较低、重复建设、产品的营销能力较差等，一直困扰着我国装备制造业的发展。新兴产业例如工业机器人、增材制造等新兴装备产业企业规模小且分散，趋同式重复建设尚未得到有效遏制。由于缺乏关键技术，高端产业低端化隐忧尚存，行业整体竞争力依然较弱，对装备工业的支撑作用较小。传统产业占比仍然较大。目前装备工业仍主要集中在传统产品领域，大部分产品数字化、智能化水平不高，附加值低，市场竞争激烈，高档数控机床、高端专用生产设备等还较大程度依赖进口。基础配套与核心供给能力不足，核心技术缺失，机器人用减速机等关键部件依赖进口的局面急需改善，底层操作系统、CAX（计算机辅助软件）、MES（制造执行系统）等核心工业软件依然受制于人。如果不加快产业升级、技术创新，我国的装备制造业在发展过程中将会失去活力，继而在全球经济竞争中失去核心竞争力，被处于价值链较高位置的国家持续锁定在中下游位置。同时，正在崛起的大量发展中国家也在加快发展装备制造业，其利用成本优势冲击全球市场，使我国的装备制造业可持续发展能力面临挑战。

第二，我国装备制造业区域分布不均衡。目前，国内的装备制造产业主要分布在工业基础发达的东北和长三角地区。以数控机床为核心的智能制造产业的研发和生产企业主要分布在北京市、辽宁省、江苏省、山东省、浙江省、上海市、云南省和陕西省等地区。工业机器人是未来智能制造产业发展的一个新热点，北京市、上海市、广东省、江苏省将是国内工业机器人应用的主要市场。此外，关键基础零部件及通用部件、专用装备产业在河南省、湖北省、广东省等地区呈现较快的发展态势。江苏省、浙江省、广东省、山东省、上海市、北京市、天津市、福建省、四川省、湖南省等地区已明确制定了装备制造业发展规划，且产业规模较大、自主创新和产品研发能力较强。

目前，我国高端装备制造产业初步显示出集聚特征，集群化分布进一步显现,已形成以环渤海、长三角地区为核心,东北和珠三角为两翼,以四川省和陕西省为代表的西部地区为支撑,中部地区快速发展的产业空间格局。此外,高端装备制造业重点城市的分布格局与原国家工业基地分布有较大的契合度,体现出高端装备制造业的发展对当地工业集成的较高要求。2019 年 1 月 17 日,21 世纪产业研究院发布《2019 中国智能制造指数(CIMI)报告》,报告显示 2019 年智能制造指数排名前十的地区为广东省、江苏省、北京市、浙江省、山东省、河南省、上海市、湖北省、福建省、湖南省。其中,广东省在产业发展和绿色制造两个二级指标方面均名列第一。2019 年智能制造指数排在前十名的城市分别是深圳市、上海市、北京市、合肥市、宁波市、广州市、重庆市、成都市、郑州市、天津市,深圳市在所有城市中脱颖而出。

第三,当前装备市场需求较为低迷,企业经营难度加大。虽然电力、冶金、煤炭、石化等传统用户行业"去产能"释放出部分更新改造的装备需求,但相较于装备工业的产能而言,市场需求仍然明显不足。部分用户面对当前错综复杂的经济形势,对投资扩大生产持谨慎态度,工业新建项目不多,地区工业投资有所下降,工业技改投资增速放缓,从而导致装备产品需求下滑。同时装备制造业融资困难加剧。受国家实施中性偏紧的货币政策、加大金融去杠杆力度、银行收缩表外业务等因素影响,股市、债市出现"双杀",市场整体流动性不足,装备制造业融资困难加剧。2018 年 1~8 月,装备工业利息支出同比增长 16.8%,融资成本明显增加。在多重压力影响下,2018 年 1~7 月,全行业利润总额低速增长,同比增长 4.5%,低于全国工业利润总额增幅 12.6%。

由于国内承兑汇票的泛滥和三角债的蔓延,部分企业流动资金周转困难,企业应收账款持续增加,资金紧张状况加剧,部分企业亏损严重。2018 年 1~8 月,装备工业应收账款总额达到 4.85 万亿元,同比增长 11.1%,占全国工业应收账款总额的比重超过 1/3。同时原材料、能源、人工等成本支出增长较快。2018 年 1~8 月,装备工业主营业务成本同比增长 9.7%,分别高于同期主营业务收入和利润总额增幅 0.4%、5.2%。

第四,国际环境的复杂性和突发事件给产业发展带来了一定的不确定因素。中美贸易摩擦已对我国装备工业产生不利影响。从覆盖范围来看,美国政府发布对自中国进口 2000 亿美元商品加征关税的清单,占装备工业对美出口额的60.97%,影响较为明显。从加征关税强度来看,我国出口到美国的大多数装备产品附加值相对较低,若加征 25% 的关税,企业利润基本被吞噬,不但影响企业效益,而且也将丢掉多年经营的美国市场,长远影响更大。对于对美市场依赖度大的企业来说,高额关税将使企业产品丧失竞争优势,对美出口大幅下降,正在执行的项目也将面临巨额亏损,甚至影响企业正常经营。从进口来看,我国需要进口的各类仪器仪表、汽车行业的主控系统、传动系统等高端产品技术主要依赖欧洲和日本，来自美国的影响有限，总体可控，但需要预防美欧日联合对我国采取限制措施以及美国启动对高端芯片等关键技术、关键产品和元器件的出口管制，应提前部署相关应对措施。

2019年末到2020年春，新型冠状病毒疫情对我国经济产生了一定影响。这种影响作用到不同行业产生的结果不尽相同。根据DT财经测算，从截至2019年2月14日A股各行业板块指数的涨跌幅来看，制造业中的电子、电气设备行业较被看好。根据非典时期的数据，2003年第一产业和第三产业对GDP的贡献率和对GDP增长的拉动都出现了同比下滑。三次产业在2003年时的扛疫性从大到小依次为：第二产业>第一产业>第三产业。机械、钢铁设备、汽车等基础行业的抗压性和恢复速度都很强，说明这些行业受到的影响相对较小。但是此次疫情较之前的非典有较大的不同。从2020年前几个月的股市行情可以看出，钢铁、采掘、纺织服装、轻工制造等行业前景不够乐观。同时，外向型制造业企业受国外订单数影响巨大，疫情影响了中美贸易摩擦缓和带来的良好开局，外向型企业产能恢复受阻，劳动力、需求等原因共同导致贸易出现萎缩。

生产性服务业是服务业的一个细分行业，不同于一般的消费服务业。消费服务业的服务对象是一般的消费者；而生产性服务业的服务对象是企业、政府和其他社会组织，它并不直接为消费者提供最终商品，而是参与到生产过程中，为消费者提供间接的服务。生产性服务业是专门为生产活动提供服务的。它由制造业内部的服务部门逐渐演化而来，依附于大型企业。生产性服务业因为投入的是知识资本和人力资本，所以处在价值链较高位置，将其合理地嵌入其他产业，将会提高相应产业价值链位置，加快产业升级速度。生产性服务业与制造业的融合关系可以延伸至制造业的产品研发、设计、生产、市场营销和售后服务的全过程，可以促进装备制造业技术创新、产业升级，提升装备制造水平。近十年来，工业生产性服务业是世界经济中增长幅度最大的行业，它已经成为外国投资的重点。以OECD国家为例，外国直接投资中服务业投资的总额明显高于制造业投资的总额，且主要集中在金融、商务服务、工业信息服务业中。美国吸收的外国直接投资中有1/3投向了金融保险领域；欧盟吸收的外国直接投资业主要在公共服务、媒体、金融等领域；日本跨国公司在英国的投资50%以上集中在金融保险部门。

近年来，我国生产性服务业取得了一定的成果。从发展阶段上看，我国生产性服务业中有些行业已经发展得相对成熟，规模也很大，如交通运输、物流、批发、零售、金融、商务等，但也有一些行业还处于起步阶段，如信息服务、数据服务、科技服务、工业设计与节能环保服务等新兴服务业。

从近些年的情况看，生产性服务业增长较快，主要得益于工业化、信息化、城镇化、市场化、全球化的持续推进。工业化深化了产业分工，许多生产企业将服务环节进行外包；信息化使企业能更好地应用数字技术，加速其连接生产、流通的能力，使其纽带性作用更加明显；城镇化扩大了生产性服务业的规模，推动了服务业领域的城乡一体化发展；市场化激发了市场活力，使资源与要素的组合与配置更富效率；全球化的不断推进也使跨国服务企业纷纷进入中国，对本土服务业的发展产生较强的外溢效应。

我国生产性服务业的重点发展领域也一直在变化。2011年发布的中华人民共和国国民经济和社会发展第十二个五年规划纲要中提出，要有序拓展金融服务业，大力发展现代物流业，培育壮大高技术服务业，规范提升商务服务业，对生产性服务业的阐述还比较宽泛。2012年，《服务业发展"十二五"规划》中明确重点发展领域为金融服务业、交通运输业、现代物流业、高技术服务业、设计咨询、科技服务业、商务服务业、电子商务、工程咨询服务业、人力资源服务业、节能环保服务业，范围拓展到了11个领域。2014年，《国务院关于加快发展生产性服务业促进产业结构调整升级的指导意见》中指出，现阶段我国生产性服务业重点发展研发设计、第三方物流、融资租赁、信息技术服务、节能环保服务、检验检测认证、电子商务、商务咨询、服务外包、售后服务、人力资源服务业和品牌建设，共计11个重点发展领域。2016年，中华人民共和国国民经济和社会发展第十三个五年规划纲要中明确提出，"以产业升级和提高效率为导向，发展工业设计和创意、工程咨询、商务咨询、法律会计、现代保险、信用评级、售后服务、检验检测认证、人力资源服务等产业。深化流通体制改革，促进流通信息化、标准化、集约化，推动传统商业加速向现代流通转型升级。加强物流基础设施建设，大力发展第三方物流和绿色物流、冷链物流、城乡配送。实施高技术服务业创新工程。引导生产企业加快服务业环节专业化分离和外包。建立与国际接轨的生产性服务业标准体系，提高国家化水平。"可以看出，生产性服务业的内涵和外延随着经济社会发展不断变化、不断细化，国家在不同阶段重点发展的领域不尽相同。

当前，国内许多城市都十分重视生产性服务业的发展，生产性服务业占地区GDP的比重也比较高。比如，上海市重视科技服务业、商务服务业以及金融、国际航运、物流等行业，正在着力打造全球科创中心、国际金融中心、国际航运中心；深圳市重视信息服务产业、创意产业、物流产业、金融业等。一些内陆城市还大力发展商贸流通、物流、信息服务业，以增强自身连接世界与开放开发的能力。目前，许多城市和地区已经形成了一些服务业集聚区、服务业产业集群。

随着信息通讯产业的逐渐渗入，生产性服务业的生产规模、经济总量以指数倍增长。2010~2015年，生产性服务业增加值由9.36万亿元增加至18.71万亿元，名义增速为14.9%，高于服务业增加值名义增速1%，占服务业增加值的比重由52.3%提高到54.6%。截至2015年，我国生产性服务业的增加值已经超过20万亿元，同比增速10.1%，生产性服务业的从业人数已达4021万人，占到了服务业总就业人数的40%以上，目前我国的生产性服务业规模排在世界的前两位。同时随着我国服务业在 GDP 中的比重逐年上升，生产性服务业在国民经济中的地位也在逐年提高。2013~2016 年，规模以上与生产性服务业相关企业的营业收入年均增长 10.2%。按照国家"十三五"规划，到 2020 年，我国生产性服务业占经济总量的比重要超过 30%。

我国生产性服务业在发展过程中也暴露出很多问题，如企业规模较小，创新能力较低，企业比较分散，同时企业附加值较低，尤其是和国外的同等企业相比竞争力能力很弱。发达国家服务业体系中，生产性服务业所占的比重达到 70%，而我国仅占 50%。同时由于企业规模小，创新能力弱，能够提供境外服务的企业数量稀少，我国生产性服务业总体的产业结构不合理，与发达国家的生产性服务业企业相比缺乏竞争力。而且，由于我国对生产性服务业不够重视，对其投入资金较少，企业在发展过程中很难扩大规模，开展技术创新活动。总体来看，我国生产性服务业发展在总体上仍滞后于经济社会发展要求，与农业、工业、贸易等联动不足。从成熟度来看，生产性服务业还处于成长期。以交通运输与物流行业为例，尽管我国交通运输、物流市场规模世界第一，但多数市场主体"小散弱"，市场秩序也不够规范，公路货运存在过度竞争等问题，铁路运输则呈现出竞争不足等现象，国际快递、农产品物流、医药物流、航空物流、逆向物流等尚属发展薄弱环节。

由于我国经济将继续保持中高速增长，受产业结构、消费结构持续优化与升级以及国际贸易继续扩大等一系列因素影响，我国生产性服务业将迎来广阔的发展空间。展望未来，生产性服务业将呈现出十大趋势：（1）体系化；（2）数字化；（3）品质化；（4）个性化；（5）平台化；（6）绿色化；（7）国际化；（8）集中化；（9）普惠化；（10）跨界融合。

新一轮科技革命和产业变革与我国的结构调整和产业转型形成了历史性交汇。我国抢抓这一重要机遇，适时提出了一系列战略计划，旨在加快推进智能制造，深度推进两化融合，努力实现从制造大国到制造强国的转变。生产性服务业是两化融合的核心，是全球产业竞争的战略制高点，是引领产业向价值链高端提升、实现产业发展弯道超车的关键环节和根本途径。

生产性服务业同装备制造业的融合是适应市场需求的必然选择，并且目前已经取得了较为显著的效果。不少跨国企业减少制造环节，把生产外包给其他企业。同时制造企业的功能也日趋服务化，其产品为提供某种服务而生产，并随产品出售知识和技术服务。一些服务企业凭借研发、设计、管理、销售渠道等优势，通过贴牌生产、连锁经营等方式嵌入制造企业为消费者提供服务。装备制造业根据自身的特点和需要，向生产性服务业提出更高的要求，同时生产性服务业不断增强自身实力，推动装备制造业产业的优化和升级。生产性服务产业链向制造业延伸,逐渐形成一个完整的产业链,为企业提供从产品立项到产品营销和服务的全方位支持。生产性服务业提高了生产过程不同阶段的产出价值和运行效率,保持上游、中游和下游三个阶段的服务优势,"内化"服务(即企业内部提供的服务)和"独立"服务(从企业外部购买的服务)都成为企业产品差异和增值的源泉。要想进一步推进两个产业的融合,就需要对其目前的融合水平以及主要制约因素有清楚的认识。从各省"十三五"规划可以看出,各省对生产性服务业的细分产业的涉及深浅不一,这在某种程度上反映出我国区域发展不平衡的现实。一般而言,经济相对发达地区的规划发展重点领域较多、更为细致,经济相对欠发达地区则反之。例如,《2018年上海生产性服务业发展报告》显示,上海市生产性服务业增加值从2008年的4188亿元增长到2018年的13706.95亿元,年均增速在10%左右,占本市GDP比重已从2008年的29.8%跃升至2018年的41.94%,其中服务业占GDP比重达到69.9%,生产性服务业占服务业比重达到60.01%,与国际上发达国家"两个70%"指标相比(即服务业占GDP70%、生产性服务业占服务业70%),上海已接近发达国家水平,在国内处于领先地位。

我国生产性服务业的空间集聚程度呈上升趋势,尤其是信息服务、科技服务、商务服务等高端生产性服务业的集聚特征更明显。目前生产性服务业主要集中在区域中心城市,对非中心城市的带动作用尚不明显。2016年,31个区域中心城市生产性服务业就业人数占全国的比重高达52.1%,且中心城市与非中心城市生产性服务业发展差距日益加大。随着产业结构调整的推进,中西部地区第三产业占全国份额明显上升,其中川渝地区服务业发展最为迅速。中国社会科学院财经战略研究院于2017年4月5日发布的《中国服务业发展报告:迈向服务业强国》指出,北京市、上海市最有可能成为世界服务业中心城市,其他一线城市也应向建设全球服务业中心城市迈进。深圳市、重庆市、天津市、广州市、杭州市、沈阳市、南京市、武汉市、成都市、西安市、青岛市、长沙市、郑州市、昆明市和乌鲁木齐市十五大城市,目前最有希望成为具有金融、贸易、科技创新、商务服务枢纽和文化交流门户等综合服务或专业化服务功能的国家服务业中心城市。

从行业分布来看,信息服务、科技服务、商务服务三个知识密集型行业中企业的服务半径不断扩大,行业集聚程度较高,地域分工模式符合中心地理论特点,呈现等级规模结构,比较优势主要集中在少数城市。交通运输业和金融服务业提供的服务是接触紧密型服务,服务提供点须尽可能靠近服务对象,服务半径较小,集聚水平较低,地域分工相对分散。金融服务作为重要的中间投入服务,在我国64%的城市均属于比较优势行业。随着我国交通网络的快速建设,具备交通运输服务比较优势的城市范围得到扩大,且大部分连接成片。

在全国生产性服务业地域分工体系中，北京市处于最高等级的服务中心地位，信息服务、科技服务和商务服务三个知识密集型行业的从业人员规模均处于全国城市首位，并具有比较优势。从地区分布来看，生产性服务业在都市圈空间上呈中心集聚态势，其中京津冀呈以北京市为中心的强单中心分工格局，长三角呈以上海市为中心的单中心分工格局，珠三角呈以广州市、深圳市为双中心的分工格局。

由于我国产业发展水平的地区差异化比较显著，因此需要对不同区域两个产业融合的情况进行研究，进而提出具有针对性的对策建议。本书选择对我国装备制造业和生产性服务业融合水平进行测度，不仅能够推动两个产业的产业融合，而且能够促进两个产业的持续健康发展。

1.2 理论背景

在20世纪70、80年代，"产业融合"的现象就引起了专家学者的关注，当时学术界普遍认为产业融合是指各个产业之间的边界逐渐消失，产业的进入门槛会大大降低，产业之间的合作将更为普遍，兼并、组成战略联盟将会是未来产业发展的趋势。产业融合是不同的产业通过知识融合、技术融合、市场融合，解构原有的产业，同时形成新的产业的动态过程。在20世纪末，产业融合的相关研究进入到一个高峰，许多学者如 Lundvall 和 Borras、Goldhar 和 Berg、Alfonso、Salvatore、顾乃华、刘志彪、于刃刚、周振华、孙林岩、芮明杰、郑明高、夏杰长、程大中、黄莉芳等人均对产业融合进行了研究，研究角度包括市场产业融合的概念、产业融合的识别、产业融合的类型与方式、产业融合的发生机制、产业融合与产业演化的关系、产业融合的发展方向、产业融合与政府规制的关系、融合环境下的公司战略等，并就生产性服务业与制造业融合的定义、动因、关联、聚集、协同等问题形成了较为丰富的研究成果。

产业融合的现象最初是在计算机、信息技术等行业出现的。因此，在产业融合概念的阐述中包含了很多这些行业的特点。产业融合的过程将传统的产业链打乱，这时整个产业处于一种失衡的状态，之后这些被打乱的产业重新组合，形成新的产业，企业的竞争对手也随之发生改变。融合过程可能发生在同一个领域，如电信企业兼并了传真企业；也可能发生在一条产业链上，如下游的钢铁冶炼企业兼并了上游的铁矿开采企业；还可能发生在两个并没有直接联系的产业之间，如一家房地产企业兼并了一个旅游企业等。随着经济的快速发展，最后一种融合过程发生的比例逐渐增多，生产性服务业同装备制造业之间的产业融合就属于这一种类型，并且两个产业之间的融合为两个产业注入了新的活力，同时也促进了两个产业的协同发展。产业融合也是将分工内部化的过程，装备制造业企业将一部分工作外包给生产性服务业企业，其效率要高于装备制造业企业直接来做。

近年来，生产性服务业的规模逐渐扩大，并且具备了很多制造业所特有的特征，生产性服务业同制造业之间的界限被打破，两个产业之间的互动频率显著增加，产业融合的趋势十分明显，两个产业间的融合问题研究越来越受关注和重视。但是由于产业融合涉及的变量较多，如何构建科学的指标体系成为了研究这一问题的关键，同时，由于产业融合多投入、多产出的特性，传统的经济学计量方法不能有效的对两个产业的融合效率水平进行度量。为了解决以上问题，本书在产业融合理论的基础上，结合装备制造业和生产性服务业的产业特点，引入了投入产出技术，包络分析技术，分别从产业部门和省市的角度，对两个产业的融合水平和融合效率进行全面分析，并引入收敛性分析的方法对不同区域之间产业融合的差异进行研究，为政策建议的提出奠定基础。

虽然产业融合的有关研究已经取得了相当丰硕的成果，但从文献看还存在不足之处，因此本书围绕这些问题对生产性服务业和装备制造业的产业融合展开研究，所涉及的研究问题包括如下的四个方面：

（1）两个产业的融合现状。从规律来看，产业融合的发展与演变过程随空间、时间的转换产生不同的规律和方式，即产业融合与地理位置和时代发展都存在着潜在关系。不同地域的产业融合过程会因为当地经济状况、民生条件等而有所不同，新型产业的诞生也会促进新的产业融合的规律或者方式诞生。虽然从宏观角度来审视，产业融合具有相同的内在规律和过程，但是在中观视角下，不同类别的产业融合的过程会有一定的差别。现有研究多是从宏观的角度来分析产业融合作用。因此为了解决这一问题，本书首先回顾了生产性服务业和装备制造业间的演进、动因和过程。生产性服务业和装备制造业既具备一般产业融合的内在规律，同时又具备其他产业所不具备的特征。本书在现有产业融合研究的基础上，结合我国生产性服务业和装备制造业的发展特点，总结出两个产业融合的内在规律。这不仅有助于我们能更清晰地认识生产性服务业与装备制造业的产业融合，而且也有助于我们更有针对性地为促进两个产业融合的政策制定提出建议和指导。

（2）两个产业不同部门的产业融合水平测度。现有对装备制造业和生产性服务业融合水平的测度研究，多是将这两个产业看作为一个整体，从宏观的角度对两个产业的融合水平进行分析。这样的研究方式虽然能够在一定程度上反映两个产业的融合现状，但也主观的忽视了两个产业内部不同类型产业融合水平的差异。在制定精准的产业政策时，不仅要知道两个产业宏观的融合现状，而且，不同类型产业的融合水平有何特点，哪些产业部门的融合水平较高，哪些产业部门的融合水平较低，这些问题同样十分重要。同时由于装备制造业和生产性服务业种类、部门繁多，两个产业的融合涉及多种中观变量，而实际产业融合程度分析作为一个宏观概念，从中观变量到宏观概念分析，需要一个转换过程。同时本研究使用投入产出法对两个产业不同部门的融合水平进行测度，选择直接消耗系数、完全消耗系数、增加值系数等评价指标，能够全面反映两个产业各个部门的产业融合水平，为今后制定合理有效的产业融合促进政策提供帮助。

（3）两个产业不同省份的产业融合效率评价。产业的融合并不单纯是指两个产业的关联关系，更是要强调产业的共生发展，即通过两个产业的融合来促进两个产业的协同发展。因此，需要对两个产业融合的效益进行分析，即对两个产业融合的效率进行定量研究，用以深入评价我国装备制造业和生产性服务业的融合质量。目前很多专家和学者注意到了分析产业融合效率的重要性，但以理论研究为主。哪些地区的产业融合水平较高，哪些地区的产业融合水平还有待进一步提高，这些问题还无法回答。同时由于两个产业融合效率所涉及的指标数量较多，传统的计量方法难以有效地对其进行分析。为了解决这些问题，本书构建了两个产业融合效率的指标评价体系，并使用 DEA 的分析方法对两个产业的融合效率进行评价，有效地解决了融合效率评价多投入、多产出的难题，全面系统地反映了我国不同省市两个产业的融合水平，同时也是对产业融合效率评价相关研究的丰富。

（4）不同省份产业融合差异的收敛性问题。我国疆域幅员辽阔，不同地区之间的经济发展水平存在着较大的差异，同时 Rosenthal（2004）、Beyers（2006）、Hansen（2008）等人的研究成果也显示装备制造业和生产性服务业的融合存在着差异性问题。但现有研究忽视了对这种差异的收敛性进行研究，这就导致了如下的这些问题无法回答：这种差异性是否会持续存在？产业融合水平落后的地区和领先地区最终能否达到区域内的效率均衡？区域内效率均衡的追赶时间是多长？为了解决这些问题，本书将收敛性分析的研究方法引入到两个产业融合的差异性研究之中。这样不仅能够揭示我国生产性服务业同装备制造业融合效率是否存在着长期的收敛性，而且也能为区域产业发展平衡这一问题提供较为科学的解释。

2 产业融合分析

2.1 产业融合的概念与内涵

产业融合概念提出的时间并不是很长，目前这方面的研究大多还处于起步阶段，虽然很多学者对产业融合的概念进行了阐述，但学术界对产业融合的概念还没有达成一致。Rosenberg（1963）通过对美国机械设备业演化的研究，开拓了产业融合的现代理论思考，在他的研究中，技术融合被视为一个产业的技术向另一个产业进行扩散，并且这两个产业之间没有明确的联系，但是使用的技术却是相同的。

在 Rosenberg 之后，很多学者开始关注融合的问题，不断加深对这一问题的研究，并逐渐形成了较为一致的观点，即同一技术在不同的产业之间共同进行使用，这一过程称之为技术融合。1978 年，Nicholas Negroponte 在对计算机、广播和印刷三个行业的研究中，使用图形的形式来表示产业之间的融合关系，他分别使用三个圆来代表这三个产业，并指出三个圆之间的交集将会是最容易产生创新点的地方。1997 年，欧洲委员会的"绿皮书"指出，融合可以在产业之间进行，也可以是技术或市场等领域进行。Sahai（2011）对技术融合的概念进行了界定，他指出融合的过程是技术从一个领域向另一个领域的扩散，在这一过程中，将会有新的创新活动的产生。Bally（2015）提出技术融合的过程同样是技术不断完善和优化的过程，并且由于该技术的应用，原有产业的界限逐渐扩大，最后成为一个新的产业。

随着数字技术的快速发展，一些专家开始从"数字融合"的角度来重新界定产业融合，并逐渐不再使用"技术融合"这一概念。他们通过研究发现，随着数字技术的广泛应用，传统产业之间的界限被打破，产业之间的融合将会增多，越来越多的产业在融合的过程中消失，同时又产生许多新的产业。Yoffie（2007）指出企业在使用数字技术后，原有的产品线将会发生很大的改变，很多原有的产品，将会以新的产品形式出现，因此企业在实现数字融合之后，需要对企业的技术战略和发展战略进行调整，以适应新的产品变化。Raghuram（2010）提出产业融合的发生是由数字技术的广泛使用所带来的，数字技术的应用使得数据的传输更加便利，同时也打破了不同运营商之间的网络限制。Greenstein & Khanna（2012）提出，在数字技术出现之后，媒体业的技术融合有了许多新的变化，如图像、文字、视频等新的变化形式不断涌现。

Greensteina & Khanna（2013）提出在产业快速发展的时候容易出现产业融合的现象，这时各个产业之间的界限不再清晰，同时他们指出产业融合又可以分为完全替代或是相互促进。于刃刚（2007）认为当产业的界限不再清楚时，就会发生产业融合。植草益（2011）在对信息业的产业融合进行分析时指出，在产业融合的过程中，创新活动将会十分活跃，同时各个产业的门槛将会降低，这会加剧各个产业之间的合作和交流，促进整个产业的发展。Malhotra & Gupta（2011）提出产业融合就是两个或多个本没有关系的产业变成了竞争的对手，这种转变是发生在二者关系建立的基础上，而当客户认为这两个产业能够相互替代时，技术融合就已经发生了；而机构融合是指两个产业相互合作，共同生产或销售同一个商品。岭言（2011）在进行产业融合的相关研究中，提出了不同的看法，他认为产业融合是高新技术对传统产业的影响，在其影响下，两个产业相互作用并逐渐成为一个新的产业。马健（2012）提出发生产业融合要有一定的条件，其中技术进步和政府放松管理是重要的原因，当这两种情况发生时，产业融合会在两个产业的结合处产生，并对整个产业的产品产生巨大的影响，甚至会导致整个产品市场产生变化，产业之间的边界也在逐渐发生变化，需要对市场重新进行判断。

周振华（2012）提出当经济结构发生变化时，服务业和制造业的界限将不再清晰，将会发生产业的融合，这时两个产业中的企业将会建立起竞争或合作的关系，以适应外部经济环境发生的变化。厉无畏（2013）同样认为高新技术在产业融合的过程中发挥了巨大的作用，他指出产业融合就是两个不同的产业受到高新技术的影响，相互作用和融合，最终成为一个新的产业，并且比原先两个产业更有活力，显示出规模经济的特性，并且新的产业不是一成不变的，当其再次受到高新技术影响时，可能还会再次发生产业的融合。聂子龙、李浩（2013）提出产业融合就是不同的产业相互影响，在相互作用的过程中，形成一个新的产业的动态过程。Lind（2014）基于生命周期理论，将产业融合的发生归结于技术创新的作用，并提出产业融合同样也是两个不同市场的整合，在这一过程中，产业之间的边界不再清楚。他以具体的产业为例，使用一个个圈来代替产业，同时使用这些圈动态地展示了产业融合的过程。Hacklin（2015）提出产业融合过程中最为显著的特点就是产业边界的消除，原有的产业被解构并重新组合，形成新的产业。胡永佳（2015）基于分工的视角，对产业融合的内涵重新进行阐述，提出产业融合是将外部的分工内部化的过程，在这一过程中，很多的企业相互合作，甚至组成了新的企业。

2015年中央一号文件提出，要推进农村一、二、三产业融合发展。在新的时代背景下，劳动对象扩大了，不仅包括自然资源，还包括信息、知识、文化资源，这是生产力水平提高的标志之一。这一变化产生了将国民经济划分为六次产业的相关理论，即获取自然资源的产业（第一产业）、加工自然资源以及对加工过的产品进行再加工的产业（第二产业）、获取并利用信息和知识资源的产业（第四产业）、获取并利用文化资源的产业（第五产业）、传统农业向第二产业和第三产业延伸形成的产业（第六产业）、为其他五大产业及社会生活提供服务的产业（第三产业）。六次产业理论最重视的是产业融合和系统经营，它不仅考虑产品及服务经营，而且更加重视一、二、三产全产业链的系统经营和品牌化发展。

本书认为，产业融合是不同的产业通过知识融合、技术融合、市场融合，解构原有的产业，致使产业之间的边界逐渐消除，并最终形成一个新的产业形态的动态过程。在这个过程里，产业融合通过科学、技术、市场等复杂的系统，对现代的产业经济理论进行不断地补充和创新。

2.2　装备制造业的内涵与特征

装备制造业是制造业的一个分支，是国民经济的一个重要部门，主要为其他产业提供技术装备。装备制造业的概念是我国最先提出的，对于装备制造业的内涵，目前国内外的专家学者还没有达成一致。例如，张爽（2010）认为装备制造业是为国民经济各部门简单再生产和扩大再生产提供技术装备及相关的零部件制造的各制造工业的总称。崔纯（2013）从产业分类的角度，对装备制造业的内涵进行界定，提出了装备制造业的具体分类。霍晓姝（2014）提出装备制造业又称装备工业，是为满足国民经济各部门发展和国家安全需要而制造各种技术装备的产业总称。韩增林、袁莹莹、彭飞（2017）以实证研究方法得到，装备制造业的创新规模与网络密度呈现两种截然不同的发展趋势，规模虽表现为扩大，但密度却为下降趋势，政府对此参与度不高的结论。季希、郝以宽（2016）认为应从加大资金投入比重、加强产业专业人才培养、健全激励机制建设、鼓励科研成果转化、缩小产业创新成本等财税政策方式方面对装备制造业制定发展对策，采用财税政策可以有效分散投资风险。

我国装备制造业的国际竞争力研究方面，在微观层面，学者们从地区和具体的行业入手，对装备制造业的国际竞争力进行研究。其中，崔日明、张志明（2012）提出并采用国际市场占有率指标、贸易竞争力指数、显示性比较优势指数三个指标，就"引进来""走出去"两方面对沈阳市装备制造业国际竞争力进行深入研究。刘向丽、盛新宇（2017）选取装备制造业中的高端产业，运用国际市场占有率、显示性比较优势指数、显示性竞争优势指数和贸易竞争力指数四种标准，在对比分析中、美、日、德四国高端装备制造业国际竞争力和影响因素的基础上，对我国同类行业国际竞争力的提升提出对策建议。杨成玉（2018）以上市公司为研究对象，对比分析了我国与欧洲制造业强国的高端制造业国际竞争

力。在宏观层面，学者们从国家的角度入手，通过跟其他国家对比分析，研究我
国装备制造业于国际市场上的发展现状。其中，陈爱贞、刘志彪（2011）从行业
细分的研究角度，发现我国装备制造业处于全球价值链的末端，整合资源优势、
提高装备制造业的国际竞争力刻不容缓。王江、陶磊（2017）在对比分析我国与
美国、德国、日本、英国和法国的装备制造业国际竞争力的过程中，运用了由
IMS 指数、RCA 指数、TC 指数、Michaely 竞争优势指数构成的评价集合。孙少
勤、邱璐（2018）以出口技术复杂度指标来测度全球价值链分工地位，阐释了我
国装备制造业国际竞争力现状及其影响因素。

　　在现有研究的基础上，本书认为装备制造业在不同的视角下其内涵会发生一
定的变化。在理论研究中，不用具体区分各种装备制造业的不同，而是应当在一
定的框架内，将装备制造业看作是一个有机、同一的整体；而在实践研究中，要
根据各地区的实际情况，以及各地统计口径的不同，辩证地看待装备制造业的内
涵。目前，我国制定了较为细致的装备制造业产业名录。在该名录中，装备制造
业划分为金属制品业，通用设备制造业，专用设备制造业，交通运输设备制造
业，电气机械及器材制造业，通信设备、计算机及其他电子设备制造业，仪器仪
表及文化办公用机械制造业等行业。

　　装备制造业虽然属于制造业的范畴，但同一般的制造业行业相比，其具有如
下的显著特征：

　　（1）装备制造业是整个国民经济的核心，其他产业的发展离不开装备制造
业提供的各种机器设备，因此装备制造业决定了整个国民经济发展的质量和
水平。

　　（2）装备制造业的门类十分齐全，既能为第二产业的发展提供机器设备，
也能为第一产业和第三产业的发展提供支持，产业的带动能力很强。

　　（3）同其他产业相比，装备制造业的技术含量更高，需要其他部门为其提
供多方面的技术、服务支持，同时对资金的需求也更高，是资本密集型产业，其
产品的附加值很高，具有显著的经济效益。

　　（4）装备制造业的发展，不仅需要本部门的技术创新，同时也需要其他部
门的技术创新来为其提供更好的技术和服务，因此装备制造业能够带动其他产业
的技术创新活动，促进技术创新成果在各产业之间的流动，使技术创新的成果发
挥更大的作用。

　　（5）随着经济全球化的进程逐渐加快，装备制造业的全球化趋势也更加明
显，每个国家根据自身的核心竞争力在整个产业链中发挥着不同的作用。这给技
术相对落后的国家带来了巨大的压力，产生了技术锁定的现象，即只能从事产业
链中低附加值的部分，经济收益较低。

　　本书针对研究目的，提出装备制造业是一个广义的概念，在本书中使用装备

制造业的统计口径，即装备制造业包含的产业有金属制品业，通用设备制造业，专用设备制造业，交通运输设备，电气机械及器材制造业，通信及计算机制造业，仪器仪表制造业，文化、办公用机械制造业。这样既能保证数据的可获得性，同时也有利于同他人的研究结果进行比较。

2.3　生产性服务业的内涵与特征

生产性服务业是服务业的一个细分行业，不同于一般的消费服务业，它是专门为生产活动提供服务的。虽然生产性服务业存在的时间很长，但是其作为一个学术概念却是近几十年才提出的。生产性服务业这一概念最早是由美国著名经济学家 Machlup（1962）提出的，其在《美国的知识生产和分配》一文中首次指出了生产性服务业一定是知识的输出者，它不同于传统的消费服务业，二者的服务对象有着天然的区别。消费服务业的服务对象是一般的消费者，而生产性服务业的服务对象是企业、政府和其他社会组织，它不是直接为消费者提供最终商品，而是参与到生产过程中去，为消费者提供间接的服务。H. Greenfield（1966）从市场的视角对生产性服务业的概念进行了阐述，他指出生产性服务业并不直接为消费者提供终端服务，而是通过其他企业或团体为消费者提供间接服务。Marshall（1987）从经济学的角度，基于效用理论对生产性服务业的内涵进行了阐述，他指出生产性服务业能够为其他行业提高产品质量和附加值提供帮助，他还将生产性服务业进一步分为信息处理、实物处理和人力资源相关三类具体的服务内容。Grubel，Walker（1989）从中间需求的角度，对生产性服务业的概念进行界定，提出生产性服务业是一种中间投入，是作为一种投入要素来进行二次生产的，生产性服务业的加入，能够提升产品和服务的质量，增加附加值。Coofey（1992）提出生产性服务业满足了其他企业、政府和社会团体的中间需求，起到了润滑剂和助力剂的作用，它能够有效地将产业的上下游有机地结合在一起，并实现整个产业链价值的升值。Hansen（2010）对生产性服务业的中间属性进行了深入的研究，他提出生产性服务业参与了其他产业从研发到销售的整个过程，既为上游企业的研发、生产活动提供支持，同时也为下游企业的市场开拓、产品销售提供服务。Gruble 等人（2012）认为生产性服务业是整个国民经济的核心，其他产业通过生产性服务业建立关系，生产性服务业并不提供具体的产品，它是起承上启下的作用，在实现各产业有机结合的同时，促进整个产业链的增值。

生产性服务业是知识密集型行业，知识和技术的使用强度直接决定了生产性服务业的发展水平和为客户提供服务的能力。并且随着经济发展水平的逐渐提升，特别是互联网经济的快速发展，生产性服务业对技术和知识的要求更加显著。同时生产性服务业的技术进步，也会促进与其有关的其他部门的技术发展。生产性服务业在提供服务的过程中，通过技术溢出的方式向其他产业进行扩散。

从生产性服务业作为一个知识密集型产业的角度,很多专家学者对生产性服务业的内涵做了深入的研究。钟韵、孙建如(2015)提出生产性服务业不是终端服务业,而是一种基于中间需求而产生的服务业,是为企业、政府或其他社会组织提供有偿服务,提供他们的生产能力和服务能力。生产性服务业在为其他行业提供服务时,将自身先进的技术和理念转移给这些产业,带动整个产业的发展。吴智刚等人(2003)提出生产性服务业同消费服务业有着很大的区别,需要投入大量的知识和技术,并且这些知识和技术是企业的核心竞争力,也是其能够为其他行业提供服务的前提。崔蕴(2005)提出国内生产性服务业的科技含量水平还有很大的提升空间,特别是高端生产性服务业的比重还比较低,需要进一步优化结构,同时生产性服务业企业应该加大技术创新的强度,不断提高企业的核心竞争力,并通过自身的服务带动整个行业技术能力的提升。

通过对不同专家、学者关于生产性服务业内涵阐述的梳理,我们发现生产性服务业具有一些显著的特点。首先,生产性服务业是一种中间投入,是作为一种投入要素来进行二次生产的,满足其他企业、政府和社会团体的中间需求,起到润滑剂和助力剂的作用,生产性服务业的加入,能够提升产品和服务的质量,增加附加值。其次,生产性服务业在整个产业链中处于关键的位置,能够有效地将产业的上下游有机地结合在一起,并实现整个产业链价值的升值。再次,随着经济全球化进程的逐渐加快,生产性服务业的全球化趋势更加明显,每个国家根据自身的核心竞争力在整个产业链中发挥着不同的作用。

针对生产性服务业具体包含哪些行业,国内外很多专家学者进行了阐述。Marquand(2002)在研究中提出,生产性服务业包括物流业、批发业,同时为企业提供的安保、保洁等方面的服务也同样属于生产性服务业。Daniels(2005)将服务业划分为生产性服务业和消费服务业两大类,并提出为企业提供保洁、仓储、安保、运输等方面的服务属于生产性服务业。Howells(2006)提出生产性服务业应当包含金融、银行、商业等方面,同时涉及企业开拓市场和产品销售的部分也属于生产性服务业,在这方面很多生产性服务企业具有明显的技术和成本优势。随着时代的发展,生产性服务业的构成也在发生着变化。中华人民共和国国民经济和社会发展第十一个五年规划纲要指出,交通运输、信息服务业、现代物流业等六大行业为生产性服务业,这是我国政府首次在发展纲要中提及生产性服务业这一概念。中华人民共和国国民经济和社会发展第十二个五年规划纲要中,生产性服务业包含的行业发生了变化,高技术服务业、金融服务业等被重点提及,同时原有的物流、会计、审计等部门被保留了。

顾乃华等人(2006)认为,"生产性服务业是指被其他商品和服务的生产者用作中间投入的服务性企业的集合体。从外延看,生产性服务具体包括:与资源配置和流通相关的活动(如猎头、培训、金融等),与创新相关的活动(如研

发、产品和流程的设计、工程等），与生产本身相关的活动（如维持运转、质量
控制、后勤等），与生产组织和管理相关的活动（如财务、法律服务、信息咨
询、信息处理等），与产品的推广和销售相关的活动（如市场营销、广告、运输
等）"。胡晓鹏（2008）指出生产活动所涉及的服务活动可以根据参与形式的不
同进行细分，其中部分生产性服务是为了维护生产活动的正常、有序进行而存在
的，有一些生产性服务是能够提高生产的效率，或是能够提高产品的质量，增加
企业的经济效益。

虽然不同国家对生产性服务业的具体分类各不相同，但一般认为金融、法
律、信息、交通运输、科研教育、批发零售等行业属于生产性服务业。我国使用
三次产业法对国民经济的各个部门进行分类，其中第一产业为农业，第二产业为
工业和建筑业，第三产业为服务业，服务业又可以进一步细分为生产性服务业和
消费性服务业两大类。

Choi 等人（2017）从产业间的联动视角出发，得出相关结论，即生产性服
务业能够为制造业增加中间投入，进而促进制造业提高整体竞争力，与此同时也
有助于自身产业布局的不断完善。矫萍（2016）研究了黑龙江省持续发展生产性
服务业的必需条件与集中优势，认为该产业尚有多个限制因素，以当下地区资
源、地理位置、要素为基础，政府应增进相关政策支持，保障并加快该产业的发
展，并扩大开放程度，顺利实现"走出去"。赵春江（2017）对黑龙江省农业生
产性服务业发展大环境现况进行分析，针对该产业具有动力短缺、关联度低、集
聚效应弱等问题，提出鼓励竞争、密切分工、加强关联效应等对策建议。林婵玉
（2017）在整理东北三省部分地市有关数据的基础上，通过实证分析模型研究了
生产性服务业与经济增长间的关系，认为生产性服务业由于自身附加值低、污染
程度高且发展水平低的特点，对经济进步的带动作用不明显，基于此，其从机
制、人才、行业选择等方面给出了相关对策。于斌斌（2017）从区域和领域的双
重视角，使用多个计量模型同时分析了生产性服务业集中发展的状况、效率存在
的问题以及对其他产业尤其在制造方面的效率影响，得到不同地区、行业的生产
性服务业效率影响结果，在此基础上提出内部结构调整、实施多样化发展等对
策。杨扬（2017）结合我国内地的现实情况，既对我国生产性服务业集聚的现状
及发展趋势进行分析，又对演化过程做了研究与预判，认为我国生产性服务业集
聚水平近年来呈现快速增长走势，但水平仍然较低，处在产业进化的初始期。

通过以上对现有研究的分析和整理，可以发现在生产性服务业的内涵综合了
资金、人力资源、技术、信息等方面的因素。生产性服务业是本书的一个主要研
究对象，在国内外专家学者研究成果的基础上，本书提出生产性服务业是一个广
义的概念，在本书中使用生产性服务业的统计口径，即生产性服务业包含的产业
有交通运输及仓储业、邮政业、信息传输计算机服务和软件业、金融保险业、租

赁和商务服务业、科学研究技术服务业、综合技术服务业。这样既能保证数据的可获得性，同时也有利于同他人的研究结果进行比较。

2.4 生产性服务业与装备制造业融合发展的相关研究

2.4.1 融合理论研究的现状

随着我国装备制造业同生产性服务业融合的频率逐渐提升，学术界对两个产业融合互动的研究开始增多。在互动发展研究中，目前存在两种比较重要的观点。一种为"二分法"，这种观点的主要思想是将进行产品生产的制造业看作是融合互动活动的核心，而生产性服务业作为附属产业，为制造业提供所需服务。对这一观点进行深入研究，又出现了"需求遵从论"和"供给主导论"观点，这两种观点仍然是强调制造业处于核心地位，而生产性服务业处于从属地位。同"二分法"有着明显区别的是"团块法"，这种观点不再将制造业和生产性服务业的地位进行差别对待，而是认为制造业和生产性服务业在产业融合的过程中，相互促进，共同提高。这种思路将两个产业看作是一个有机的整体。基于这种观点，又出现了"互动论"和"融合论"，这也是对"团块法"理论的一种丰富。

作为较晚期出现的"融合论"，产业融合的内涵在理论界也一直存在狭义和广义的区别。在产业融合互动的早期研究案例中，技术融合是最先出现的。Rosenberg（1963）认为产业融合是"采用数字技术后原本各自独立的产品的整合"。从 20 世纪 90 年代后期掀起的"三网融合"讨论热潮开始，大部分融合相关文献关注了数字融合的技术基础，主要集中于研究电信业、广播电视业、出版业之间的融合问题。周振华（2008）提出在通信、传媒和出版领域的产业融合中，技术的相互转化是关键因素，如果没有实现技术的有效转化，那么该项技术还只能停留在原有的领域进行应用。同时他还指出，目前这几个产业之间的互动更多的是一种"综合"，而不是"融合"。只有当该项技术在其他领域引发新的创新活动时，产业的融合才是真正的发生，并由此形成新的产业。Christensen C（2010）提出产业融合通常发生在具有一定联系的产业之间，由于产业融合的存在，不同的技术在产业间进行扩散，这种扩散导致了产业的进入门槛大大降低，使各产业间不再有清楚的边界，增强了各产业之间的合作，产业融合是实现产业一体化的有效途径。Nystrom A（2011）提出产业之间的融合最终是由市场需求和上游供货商所决定的，当市场需求和供货商发生变化时，产业融合就有可能发生，同时产业的融合还会解构传统的产业和经营的模式，形成新的产业和新的商业模式。Oeun Jin Han、So Young Sogn（2016）研究发现许多技术与信息和通信技术（ICT）相融合，这种融合的过程使得部分技术正在被标准化，这些技术又反过来加速了信息与通信技术间的技术融合，同时这些技术的识别对于企业研发水平的提高具有巨大作用，公司的技术人员可以借此确定自己公司的技术在技术融合网络的位置，识别竞争对手的关键技术，且能为未来技术融合网络工具的研发发展提供一个不可或缺的技术方案。Chie Hoon Songetal（2017）认为技术融合的不断变化将对产业创新模式和产业结构造成影响，及时了解并促进技术领域的融合，可以使创新企业对变化的价值链产生积极的影响。

从不同的研究视角，产业融合的具体分类也各不相同。于刃刚早在 1997 年就提出了在三个产业之间出现了产业融合现象。Stieglitz（2003）将产业融合从技术视角分为技术替代融合与技术整合融合或互补融合；从产品视角分为替代型融合和互补型融合。Curran（2011）根据融合通常发生的时间顺序，将产业融合细分为知识融合、技术融合、市场融合和产业融合。胡汉辉和邢华（2009）提出产业融合的发生顺序一般是固定的，通常是以技术融合为起点，逐渐向管理融合扩展，最后实现市场的融合，只有经历了整个融合过程，才算是真正完成了两个产业之间的融合。芮明杰和胡金星（2008）认为产业融合是内外因共同作用的非线性动态自组织系统。曹玉书（2012）通过静态和动态相结合的方法，论证了产业融合的动因及效应。植草益（2011）认为随着经济的快速发展，制造业同生产性服务之间的产业融合发生的频率在逐渐增加，这使得两个产业的边界被打破，同时在未来两个产业会呈现出更加显著的融合趋势。Goldhar，Berg（2010）通过研究发现，在产业融合的过程中，不仅制造业获得了很多关键的技术，取得了一定的发展，而且生产性服务业在这一过程中也扩大了自身的规模，提升了盈利的能力，生产性服务业的制造业属性显著增加。Alfonso，Salvatore（1998）使用电子行业近 20 年的数据进行深入分析发现，通信和其他技术密集型服务业的产业融合现象较为显著，实现产业融合的企业，其市场的核心竞争力更强，盈利情况也更加出色。路红艳（2009）指出制造业可以根据自身的特点和需要，向生产性服务业提出更高的要求，同时生产性服务业也应当不断增强自身实力，推动制造业产业的优化和升级。

Youngjung Geumetal（2016）认为产业融合是将技术和市场等要素融合，令行业之间的分界线变得不再明显，这是由技术服务和产业结构演进带来的趋势，创新不再发生在单一行业，他们探讨了产业融合是如何作用于创新的，并确定了技术驱动型、政策驱动型以及服务集成型三种产业融合模式。苏毅清等人（2016）认为产业融合是内部化的产业间分工，是由产业间分工转化为产业内分工的过程和结果。Federico Caviggioli（2016）基于 1991~2007 年间在欧洲专利局提交的专利国际专利分类（IPC）确定了新的融合案例，发现在他们的技术轨迹后期领域更可能发生一种新的融合，此项发现对于技术轨道动态研究的深入有着重要作用，特别是在考虑跨学科研究和跨行业创新相关的更高价值时。更具体地说，公司管理者和决策人对于专利数据技术间互相依存关系的分析，有助于其预期产业转型和新融合的出现。

每次工业革命都是对现有生产方式、组织方式的革新，新材料技术、软件通信技术的突破与创新，驱动第三次工业革命，促使原有的生产流程由"大规模生产制造"向"个性化定制"转变。云计算、新材料、新能源等新技术的流通互融加强了产业间的互动交流，产业间的边界逐渐模糊。技术集约化、高加工化的发展趋势促进互联网、软件信息技术对制造业的渗透。Cyber 工业 4.0 旨在结合物联网技术及监控设施加强各企业间的信息流通，促使传统的生产方式向智能化生产升级。唐德淼（2016）认为工业 4.0 技术的多方位推广，促进加工制造与服务在产品研发、设计及应用推广等多个环节渗透交融，形成一种新的产业形态，推动产业融合。李晓华（2017）运用服务业与制造业相结合的思路，点明了服务型制造发展的机会，一并论述了服务制造对制造业升级有着不可替代的作用，最后提出了促进服务制造发展的相关对策。赵霞（2017）从中间投入与垂直专业化程度的分析角度，结合理论与实证，研究并验证了生产性服务业对装备制造业发展的影响。

2.4.2 融合的模式与路径

近年来生产性服务业和制造业的融合逐渐增多，其中装备制造业服务化是其突出的表现，随着制造业转型升级迫在眉睫，装备制造业对生产性服务业的需求也越来越旺盛，学术界也注意到了这一现象。

Kucza 和 Gunther（2011）通过对全球很多地区制造业研究发现，制造业的服务化可以分成四种主要的类型，分别是唯一中心集成、多中心集成、多中心式分离和地心式分离。简兆权和伍卓深（2011）提出制造业不仅要生产出优质的产品，而且也要提高自身为客户提供服务的能力，将生产性服务业作为一种重要的生产要素投入到生产中，提高企业的产品力，同时制造业的服务化还能增强产品的差异化，在市场中取得竞争优势。Baines 等人（2012）对实施制造业服务化效果显著的企业进行了研究，提出制造业服务化是生产性服务业和制造业融合的突出表现，并详细描述了两个产业进行产业融合的运行机理。王成东等人（2015）提出装备制造业与生产性服务业融合的必然趋势，构建了两大产业关联—互动—融合演进关系模型；分析构建了装备制造业与生产性服务业融合系统，并揭示了融合系统的静态特征。赵龙双（2014）结合东北地区各行业的发展现状，针对东北地区装备制造业价值链及产业链，提出了融合模式设计思路，设计出东北地区生产性服务业与装备制造业融合模式，并提出适用条件。何哲（2012）对服务型制造业的内涵进行了深入的解释，指出在未来制造业仍然是国民经济的基础，但制造业技术创新能力差，缺乏核心竞争力是其目前存在的主要问题，为了应对激烈的市场竞争，制造业应当加快同生产性服务业融合的步伐，实现我国制造业的优化和升级。现有关于制造业同生产性服务业的融合研究，多以制造业为研究主体，将生产性服务业作为提升制造业发展水平的重要力量。

随着研究的不断深入，在以制造业为单一研究主体的基础上，部分学者将制造业和生产性服务业同时作为研究主体，来分析两个产业的融合模式。Garcia 等人（2010）对生产性服务业同制造业的融合模式进行了研究，认为模块化与协同化是两个产业融合发展的主要方向。Jergovic 等人（2011）提出生产性服务业同制造业的融合不是简单的在制造业的基础上增加服务，而是将服务业深入地植入到制造业的整个产业链条之中，从最初的研发，到生产，到最后的销售活动，只有这样才能真正实现制造业产业的优化和升级。顾加同（2015）认为，生产性服务业由于面向制造业企业生产运营的多个环节，在其快速发展的过程中为制造业提供多方面的服务，因此随着互联网的高速发展，生产性服务业在信息化、智能化方面远远走在装备制造业前面，装备制造业与生产性服务业在当前形势下进行更高层次的协同发展。装备制造业与生产性服务业的互动融合发展成为两大产业实现自身平稳、快速、持续增长的重要前提条件，揭示了两个产业融合的动力机制构成要素和作用方式，对装备制造业与生产性服务业进行互动融合发展的动力机制提出保障策略。

王江、陶磊（2016）认为由于国内装备制造业有着比较深厚的基础，所以在较短的时间内，生产性服务业很难对国内的装备制造业产生明显的带动作用，还是以装备制造业带动生产性服务业稳步上升。张婷（2016）定量分析了两者的融合水平及其影响因素，结果表明市场需求、行业竞争、技术研发、政策环境、经济环境和人力资源对两者融合均有正向推动作用，但影响系数都比较低。王文、孙早（2017）注意到制造业对生产性服务业的需求扩大，会对改善生产性服务业的效率有益，且与劳动密集型制造业相比，资本密集型制造业需求度的提升对生产性服务业效率的正向效用更为明显。

梁敬东和霍景东（2017）以产业融合为出发点，分析制造业服务化的影响因素，分析数据显示相对融资成本、相对税收成本、制造业附加值率和对生产性服务业的依赖对制造业服务化起反向的作用，而信息化水平和制造业规模对制造业服务化有正向推动作用。朱高峰、唐守廉等人（2017）认为制造业服务化的核心依然是制造，制造业通过服务化拓展发展空间和增强自身核心竞争力。王斐（2016）研究后认为，借鉴国外两业融合的发展经验可知，制造业服务化是两业融合发展的有效方式之一，服务外包的道路更有利于深化我国两业融合。

席枫等人（2016）研究生产性服务业与先进制造业协调发展的关系后，指出生产性服务业能够促进先进制造业的发展。刘亚清等人（2018）对京津冀生产性服务业与制造业协同发展进行研究，发现生产性服务业能带动制造业的发展，但制造业并未有效地拉动生产性服务业的发展。于明远等人（2018）提出加大生产性服务对制造业的中间投入而使产业结构不断"软化"的理论观点，并分析了结构软化使得生产性服务提升制造业国际竞争力的作用机理。

从以上研究，可以发现，生产性服务业同制造业的融合是适应市场需求的一种必然选择，并且目前已经取得了较为显著的成果。现有的研究从理论和实践两个方面梳理了生产性服务业同制造业的融合的模式和过程。这些研究为生产性服务业同装备制造业融合水平和融合效率的研究奠定了坚实的基础。

2.4.3 融合的评价方法

产业融合的评价研究目前还处于起步阶段。尚涛和陶蕴芳（2011）在对我国生产性服务业促进制造业竞争力提升的研究中，使用 VAR 模型进行实证研究，研究发现，生产性服务业对制造业竞争力的提升有着显著的作用，同时制造业能力的提升也会对生产性服务业的发展起到一定的促进作用，但这种作用具有滞后性。陈建军和陈菁菁（2011）构建了生产性服务业同制造业的关系模型，使用空间维度理论检验了两个产业是否存在协同定位，实证结论显示二者存在着协同定位。宣烨（2012）使用空间计量方法对生产性服务业和制造业进行研究，研究发现，生产性服务业不仅对本地区的制造业发展起到显著的促进作用，而且由于技术溢出的存在，也会对周边地区的制造业发展起到一定的促进作用。刘明宇等人（2010）对生产性服务业同制造业的融合模式进行研究，发现生产性服务业能够完全融入到制造业的全产业链中，同时也会在制造业的社会网络中产生一定的影响。李伯虎（2010）认为最新出现的云制造技术和模式是制造业服务化的一种具体表现形式，该技术可以使用户实现按需制造服务，也就是根据需求组织制造云。

对于产业融合度的测量，现有文献用到的方法主要有投入产出法、熵指数法、网络分析方法（Danowski、Choi，1998）、赫芬达尔指数法（Gambardella、Torrisi，1998）、RTA 指数法（Fai、Tunzelmann，2001）及多元线性回归等。投入产出法是由瓦西里·列昂惕夫于 1936 年提出的，后经支持者发展演化为静态模型和动态模型。动态模型分析研究若干时期的再生产过程和各个时期再生产过程的相互联系，其内生变量涉及很多时期。根据是否含有最终净产品项，动态模型又分为开模型和闭模型。黄莉芳（2011）运用投入产出法研究了制造业的产业联动关系和价值创造能力的变化特点，并就不同经济发展模式下的产业关联关系进行了对比。乔均等人（2012）用投入产出法研究了江苏省制造业与生产性服务业发展水平、结构特征及关联性，结果表明江苏省生产性服务业和制造业的良性互动尚未完全形成，目前二者处于互动发展的初期阶段。

陈晓峰（2017）以长江三角洲 30 个城市的数据为样本，通过面板模型来检验生产性服务业与装备制造业两产业间的协同发展因素与机制，最终发现两个产业有效衔接的关键在于制度。徐娜、刘红菊（2017）根据天津市两个产业的发展现况，在论述影响天津市两个产业相互促进发展的因素的同时，以实证的手段分析了二者间的关系，最后研究了当下天津市两产业发展过程中遭遇的困境以及面临的制约因素，针对部分问题提出了具体的解决办法。余沛（2017）以河南省物流产业为例子，通过引入耦合度函数，搭建相关指标体系，分析河南省不同地市中两个产业间的耦合程度，在论述存在的问题基础上，提出相关对策。

何强、刘涛（2017）依托发展经济学理论，采用计量经济学模型中的格兰杰检验与投入产出分析等来搭建生产性服务业与制造业协同发展的分析框架，结合我国 2004~2016 年最新统计数据进行深入探讨，研究证实两种产业在统计学意义上存在单向格兰杰因果关系，制造业在促进生产性服务业的发展方面效果显著，但反之则相对不高。张捷、陈田（2016）基于 WIOD 数据库中我国 1995~2011 年的投入产出表，区分正向与反向测算了我国服务业与制造业间的融合度，再构造以 14 个制造业子行业为截面的面板数据，研究发现服务业与制造业的正向融合度和反向融合度都对我国制造业绩效的提升有显著的正向促进作用。赵玉林、汪美辰（2016）将湖北省作为研究对象，运用投入产出方法，分别测算了先进制造业与现代服务业、先进制造业与电子信息业间的产业融合度，之后，再利用多元线性回归模型分析了产业融合对于先进制造业竞争优势提升的贡献程度，研究证实产业融合度与先进制造业竞争优势提升间存在显著的正相关关系。李晓钟等人（2017）以浙江省为例，运用投入产出法测算了信息产业与制造业各个子行业间的融合度，并构建了多元线性回归模型研究产业融合对产业绩效的影响，从横向和纵向两个角度，分析了浙江省信息产业与制造业各行业的融合度对制造业各行业绩效的影响，研究发现产业融合度、市场开放度和国企比重三个因素对制造业绩效具有显著的正相关关系。李宇、杨静（2017）选择正大集团和中粮集团作为研究对象，研究产业融合度对开放式创新的新型产业的影响，研究发现通过产业融合的渗透、交叉和重组三种方式可以深化农产品企业开放式创新的深度和广度，进而形成具有动态竞争优势的新型产业发展模式。

2.4.4　融合战略研究评述

发展战略是企业和产业战略管理的一部分，包括与企业发展相关的各种战略，如技术战略、竞争战略、研发战略、品牌战略等。产业融合促进了我国装备制造业和生产性服务业的发展变化，从而影响企业发展。战略制订需要考虑到产业融合的背景和产业链的变化。曾勇（2007）对产业融合下企业的成长行为开展研究，结果表明企业需要顺应产业融合的发展趋势对发展战略作出明智的选择。本书从产业融合和产业链的角度出发对我国装备制造业和生产性服务业企业的发展战略的研究现状进行梳理。

企业的战略大体上可以分成为三个层次，分别是公司战略、经营战略和职能战略。公司战略是总体性、指导性、纲领性的发展方向和定位；经营战略集中于在某一个给定的经营业务内确定竞争策略；职能战略涉及各职能部门的活动。战略管理具有全局性、前瞻性、长期性和灵活性的特点，企业战略管理的实施步骤主要包括四个方面的内容，分别是战略分析、战略制定、战略实施和战略评价，它们贯穿于企业战略管理工作的全过程。1962 年，钱德勒发表了《战略与组织：工业企业史的考证》，第一次将企业和战略及组织概念联系起来，指出了企业战略必须与环境相适应，而企业的组织结构必须与战略相适应。

陈坤（2012）指出企业战略规划的实施离不开资源的支撑，战略规划的过程也可以说是寻求资源和配置资源的过程。企业战略行为就是企业对环境变化做出的反应，即通过选择不同的战略来获取、保持和发展自己的竞争优势和盈利能力的行为。随着知识经济和网络经济时代的来临，经济发展速度和全球化步伐日益加快，市场竞争日趋激烈，企业内外部环境的复杂性和动态性不断加剧。静态、线性思维定式下的传统战略管理方式方法对处于环境震荡中的企业已不适用。企业要在动态的外部环境中生存和发展，必须具备随着内外环境发生变化时改变当前战略的能力。

从我国装备制造业同生产性服务业的发展趋势来看，产业整合发展已不可阻挡，这种趋势正无形地受到人们对两个产业整体发展方向的推动，人们对具有高附加值、高质量、高技术的装备制造业产品的需求越来越大。传统的装备制造业和生产性服务业企业正逐年萎缩且多数处于亏损状态。为了扭转这一不利局面，装备制造业和生产性服务业企业需要不断调整企业发展战略，更加积极地参与到产业融合之中。李楠楠（2009）指出为了在竞争日益激烈的市场抢占先机，装备制造业和生产性服务业企业纷纷采取了转型策略。产业融合的环境下，网络融合、业务融合、终端融合已经成为必然趋势，基于融合的全业务运营策略的实施，才是这两个产业企业的出路。孟辉（2012）提出在产业融合的大背景下，企业的发展战略应当不断进行调整，同时企业的管理模式也应适时进行优化，这样才能在激励的市场竞争中立于不败之地。

2.4.5 现有研究评述

现有的文献对产业融合的研究取得了较为丰富的研究成果。

（1）产业融合的内涵在不断拓宽，从早期的技术融合向管理融合、市场融合、组织融合等方面发展。

（2）产业融合的研究对象在逐渐丰富，并且不再局限于两个产业之间的融合，多个产业之间的融合研究在逐渐增多。

（3）生产性服务业同制造业的融合是适应市场需求的一种必然选择，现有的研究从理论和实践两个方面梳理了生产性服务业同制造业的融合的模式和过程。

目前对装备制造业同生产性服务业的研究还存在着一些不足之处，具体如下：

（1）现有研究多是从宏观的角度来分析产业的融合作用，对生产性服务业和装备制造业融合研究的还比较少。虽然从宏观角度来审视，产业融合具有相同的内在规律和过程，但是在中观视角下，不同类别的产业融合会有一定的差别。因此本书选择对这两个产业的融合进行研究。

（2）对装备制造业和生产性服务业产业融合的研究多为理论研究。理论研究虽然能够揭示两个产业融合的机理，但是不能反映两个产业融合的水平和效率，因此无法制定具有针对性的提升两个产业融合的对策建议。

（3）对装备制造业和生产性服务业融合效率的地区差异研究较少。虽然很多研究已经注意到了产业融合存在着较为明显的地区差异，但是此类研究一般为定性分析，同时地区间的差异是否具有收敛性，即这种差异是长期存在的还是在一段时间后能够消除还不得而知。

综上所述，本书将在国内外相关研究的基础上，构建装备制造业和生产性服务业的产业融合框架，并综合运用投入产出技术、包络分析技术、收敛性分析技术等研究方法对两个产业的融合水平、效率、收敛性等问题进行研究，并在此基础上提出可行的对策建议。

3 生产性服务业与装备制造业融合现状及理论

3.1 产业发展现状

3.1.1 我国装备制造业的整体发展现状

装备制造业是我国的支柱产业，为我国经济的发展做出了重要的贡献。由于装备制造业的高关联性，能够极大地带动其他产业的发展，因此直到今天装备制造业仍然是推动我国经济发展的重要引擎。

从图 3-1 可以看出，我国装备制造业的产值连续多年保持上升的趋势。在 2000 年，我国装备制造业的总产值还不足 5 万亿元，同世界发达国家相比还有着很大的差距，但从 2003 年以后，装备制造业产值快速增长，首次突破了 50000 亿元，2013 年，我国装备制造业产值突破 20 万亿元，稳居世界第一位。

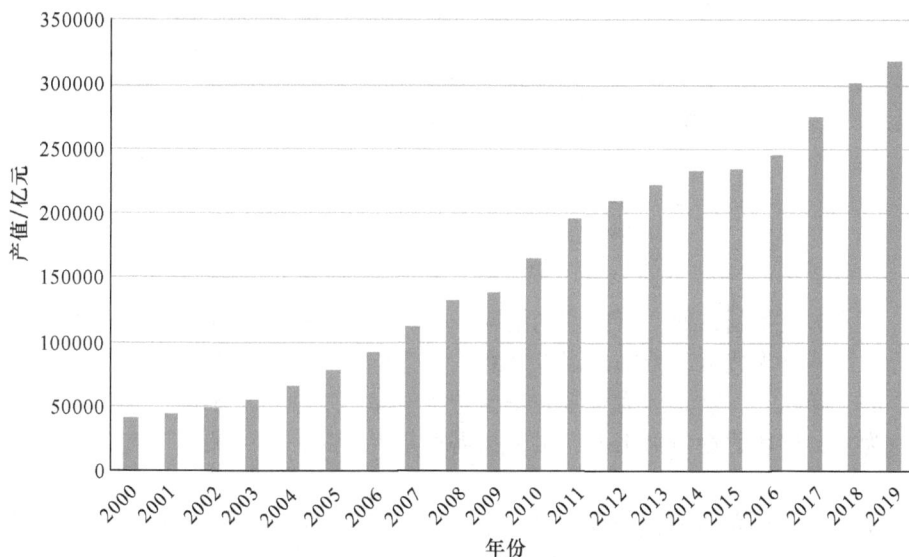

图 3-1　2000~2019 年我国装备制造业产值
（资料来源：根据中国统计年鉴整理获得）

从图 3-2 可以看出，我国装备制造业长期保持着正增长，但各年产值的增长

率有很大的不同。近 20 年来，有 3 个比较明显的增长率降低的时间段。2007 年
到 2009 年，这一阶段装备制造业增速明显放缓，从 20% 左右的增长率下降到不
足 5%，这一现象可能与经济运行周期有关。之后装备制造业的增速有了一定程
度的回升，这是因为国家出台的刺激政策起到了关键的作用，国家为了提振经济
出台的 "4 万亿" 计划，有相当大的一部分被用来促进装备制造业的发展。但随
着 2012 年国际经济形势的转变，我国装备制造业发展又遇到了新的挑战，即
2010 年到 2015 年期间，增长率明显下滑。最后一个下降区间是 2017 年到
2019 年。

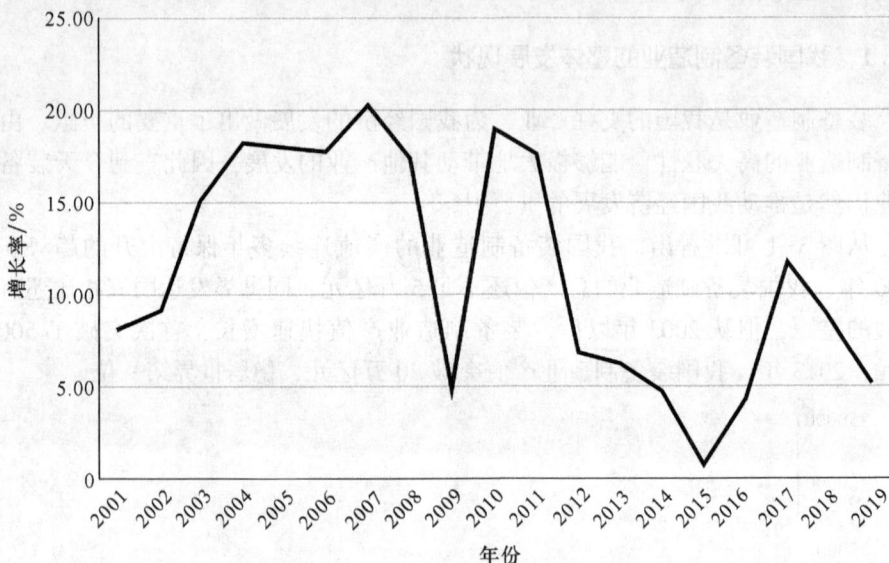

图 3-2 我国装备制造业产值的增长率

(资料来源：根据中国统计年鉴整理获得)

从我国装备制造业产值的变动情况来看，我国装备制造业的发展受外部经济
形势的影响较为严重，特别是当外部经济形势低迷时，装备制造业产值会有一个
明显的下降趋势，这是因为我国装备制造业整体的发展层次不高，以低端装备制
造业为主，市场的竞争力水平有限，当需求量下降时，我国装备制造业的发展就
会严重影响。

从表 3-1 中可以看出，我国装备制造业各部门的产值有着较为明显的差异，
其中产值和所占比重最高的是计算机、通信和其他电子设备制造业，所占制造业
总产值的比重为 10.48%。其他产业中汽车制造业和电气机械和器材制造业的比
重也很高，汽车制造业产值达到了 80418 亿元，所占制造业总产值的比重为
7.53%；电气机械和器材制造业的产值达到了 64923 亿元，所占制造业总产值的

表3-1 2019年装备制造业各部门的产值及所占制造业产值比重

产业	产值/亿元	比重/%
金属制品业	36535	3.42
通用设备制造业	39520	3.70
专用设备制造业	30206	2.83
汽车制造业	80418	7.53
铁路、船舶、航空航天和其他运输设备制造业	14763	1.38
电气机械和器材制造业	64923	6.08
计算机、通信和其他电子设备制造业	111872	10.48
仪器仪表制造业	7619	0.71
其他制造业	2275	0.21

比重为6.08%。并且对这些高占比的部分进行分析，我们发现它们均属于中国的支柱产业，并且将这几个部门产值的加总，其和已经占到装备制造业总产值的一半以上。可见该产业的产业集中度较高，较少的部门贡献了多数的产值。

而2019年产值最少的制造业部门是其他制造业，其产值仅为2275亿元，所占比重也仅为0.21%，其他产值较少的部门还有铁路、船舶、航空航天和其他运输设备制造业和仪器仪表制造业，产值分别为14763亿元和7619亿元；比重分别为1.38%、0.71%，这些部门的比重相对都比较低，还有着很大的提升空间。

我国始终重视装备制造业的发展，在新中国成立之初，很多苏联援建的项目就是关于装备制造业的。在改革开放以后，我国的装备制造业取得了长足的发展。目前，我国装备制造业的总产值已稳居世界首位，装备制造业的门类十分齐全，是世界上仅有的几个完全覆盖了整个装备制造业产业的国家，无论是民用的交通工具，还是军用的坦克、飞机，甚至是航天飞机、神舟飞船都能够独立进行生产。无论是从规模还是从其产出情况来看，装备制造业在国民经济中具有不可替代的作用和地位。但我们也要清楚地认识到，同欧美发达国家相比，我国的装备制造业整体发展水平还有很大的提升空间。很多产业部门的技术创新能力较弱，缺乏足够的核心竞争力，产品的附加值很低，在整个产业链中缺乏影响力。因此我国装备制造业的转型升级迫在眉睫，在转型升级过程中，需要生产性服务业为其提供更多的帮助与支持。

3.1.2 装备制造业的经济贡献度

随着我国改革开放的推进和金融环境的改善，我国工业化进入中期阶段，走向新型工业化道路。我国新型工业化道路的推进，带来各个行业新一轮的技术改造、设备更新和结构调整，这为我国装备制造业拓展市场空间和经营领域提供了更多的机会。此外，我国正在进行大型工程项目建设和大规模基础设施建设，如城市轨道交通建设、环境保护工程等大型工程项目建设，这也对成套、大型设备的生产产生了巨大的带动作用。自 1999 年我国重工业的增速开始超过轻工业，国民经济开始进入重工业化时代，装备制造业作为重工业化的核心，已经成为新的经济增长点，并且保持着超前的增长速度。

装备制造业作为工业的核心和原动力，承担着为国民经济各个部门提供工作母机、引领相关产业发展的重任，承担着国家国民经济生命线的伟大重任，同时也是支持我国经济实力的重要基石。我国装备制造业在不断进行产业优化升级的过程中，一直担任着拉动国民经济增长主要驱动力的重要角色，对我国经济的飞速增长起着不可以替代的作用，其经济贡献度高居不下。我国装备制造业的发展经历了从大而不强到高精尖的艰难历程。从最初我国的自主制造业品牌竞争力不强，中低端产能过剩，核心技术掌握在外资品牌手里，在关键零部件方面始终受制于人，到改革攻坚，优化产能，自主研发掌握核心技术，我国的装备制造业已向高端装备制造业转化，我国逐步建设成为装备制造业强国。

从 2009 年到 2012 年，装备制造业对国内生产总值的贡献率持续在 50% 以上。其间在 2010 年达到顶峰，该年装备制造业对国内生产总值的贡献率为 57.4%，同年农业对国内生产总值的贡献率仅为 3.6%，服务业对国内生产的贡献率为 39.0%，装备制造业对 GDP 的贡献率是农业的 15.94 倍，是服务业的 1.47 倍，对国内经济的增长起了巨大作用。到 2014 年装备制造业对国内生产总值的贡献率与服务业基本持平，均约为 47%。2014 年后由于国内人民生产生活的需求逐步上升，服务业对国内生产总值的贡献率有所上升，装备制造业的贡献率有所下降，但这并不代表装备制造业的产值下降，装备制造业与服务业并驾齐驱，仍为拉动国内经济总额增长的支柱产业，不断促进国内经济生产总值的增长，支撑我国一路超越英国、德国、日本，成为仅次于美国的世界第二大经济体。

装备制造业对 GDP 增长的拉动也是巨大的，装备制造业对国内生产总值的拉动作用在 2010 年达到顶峰 6.1%，此后逐年呈下降趋势。随着产业结构的不断优化升级，国内生产总值的拉动从依靠单一工业为主转向依赖三次产业共同带动。新中国成立初期，我国的农业占比较高，制造业和服务业相对薄弱。我国的工业部门非常单一，只有纺织业、采矿业和简单的加工业，大量的加工产品要依赖进口。1952 年，我国第一、二、三产业增加值占国内生产总值的比重分别为 50.5%、20.8% 和 28.7%。20 世纪 50~70 年代，工业化体系逐步完善，第二产业的比重不断提升。1978 年，我国第一、二、三产业的产值占国内生产总值的比重分别为27.7%、47.7%和24.6%，我国的工业发展进入腾飞期，成为支撑我国国民经济发展的支柱产业。党的十八大以来，我国农业基础巩固加强，高端装备制造业飞速发展，生产性服务业展现出经济实力，农业、工业、服务业协同发展，2018年，第一、二、三产业的产值占国内生产总值的比重分别为7.2%、40.7%和52.2%，对国内生产总值增长的拉动分别为0.3、2.4和3.9。装备制造业与生产性服务业并驾齐驱，成为推动我国经济总增长的双重动力。

由此可见，我国装备制造业发展到一定阶段遭遇了上升瓶颈期，与此同时服务业后来居上，装备制造业的进一步发展需要生产性服务业参与其中，这是工业化后期的一般规律，也是拉动双方产业发展的重要方式。单一产业的发展需要突破产业发展的壁垒，尽快实现产业结构的优化，尽快实现产业转型和升级，才能为经济发展源源不断地注入活力。新工业革命背景下的制造业与服务业转型发展的重要方向，就是加快制造业与服务业融合发展，打破行业壁垒，实现统一发展。对于今天的中国而言，促进制造业与服务业的产业融合是国际环境发展变化的客观要求，也是我国产业高质量发展的一次主动变革。三大产业的融合将是引领国内生产总值新一轮爆发式增长的关键。其中，装备制造业和生产性服务业的融合是实现三大产业融合的重要途径之一，在我国建立健全三大产业融合发展机制过程中起着举足轻重的作用。

3.1.3 我国装备制造业发展的地区差异

一个地区装备制造业的总资产及其占全国的比重，能够反映出其装备制造业的规模。

从表3-2中，可以看出2019年我国各省装备制造业的总资产分布很不平均，各地区之间的差异很大。其中广东省装备制造业的总资产排名全国第一，达到了137738亿元，所占比重为11.42%，是唯一比重超过10%的省份；其他装备制造业比重较大的省份还有江苏省、山东省、浙江省，这三个省装备制造业资产所占全国的比重分别为9.99%、7.93%、7.08%。这些省份都属于沿海经济发达地区。

同时，装备制造业总资产及其所占全国比重排名最后的是西藏自治区（简称西藏），总资产仅为1726亿元，所占比重为0.14%，是唯一没有超过0.2%的省份；其他装备制造业总资产及其所占比重排名比较靠后的省份还有海南、青海和宁夏回族自治区（简称宁夏），这3个省份装备制造业总资产的比重分别为0.27%、0.56%和0.88%，均未超过1%。同时我们发现除海南外，这些省份均属于我国西部省份。从以上分析我们可以看出，我国装备制造业的空间布局不是十分合理，各地区之间装备制造业的规模存在着较大的差异，东部沿海地区装备制造业的规模普遍要高于西部省份。

表 3-2 2019 年我国各地区装备制造业的资产及所占比重

地区	资产/亿元	比重/%	地区	资产/亿元	比重/%
北京	52222	4.33	湖北	42530	3.53
天津	21644	1.79	湖南	29616	2.46
河北	47267	3.92	广东	137738	11.42
山西	41560	3.45	广西	18021	1.49
内蒙古	32747	2.72	海南	3293	0.27
辽宁	41229	3.42	重庆	21385	1.77
吉林	16801	1.39	四川	49024	4.07
黑龙江	16396	1.36	贵州	16347	1.36
上海	45509	3.77	云南	21440	1.78
江苏	120451	9.99	西藏	1726	0.14
浙江	85415	7.08	陕西	38239	3.17
安徽	38346	3.18	甘肃	12349	1.02
福建	39551	3.28	青海	6796	0.56
江西	26082	2.16	宁夏	10581	0.88
山东	95643	7.93	新疆	23214	1.93
河南	52698	4.37			

装备制造业主营业务收入主要反映的是各省装备制造业的产品销售情况，而资产贡献率主要反映的是各省制造业的经营效率，这两个指标能够较好地反应各省装备制造业的发展水平和效率。从表 3-3 中，可以看出，2019 年装备制造业主营业务收入超过 10 万亿元的省份有广东省和江苏省，这两个省的装备制造业主营业务收入分别为 146726 亿元、118485 亿元。而营业收入的资产贡献率有六个省份超过了 100%，分别是福建省、江西省、湖北省、湖南省和广东省。综合考虑主营业务收入以及资产贡献率，我们发现，广东省装备制造业的收入情况，以及经营的效率均较为优秀；江苏省装备制造业的收入情况较好，经营的效率也都达到了较好的水平，但还有一定的提升空间；而福建省、江西省、湖北省、湖南省装备制造业的规模还不是很大，但经营的效率较高，还处于规模报酬递增的阶段，应当进一步扩大装备制造业的规模。

装备制造业主营业务收入排名最后的省份是西藏，仅为 296 亿元；其他主营业务收入排名比较靠后的省份还有海南省、青海省、宁夏，这三个地区制造业的主营业务收入均没有超过 5 000 亿元，分别为 2313 亿元、2395 亿元、4938 亿元。而资产贡献率排名最后的省份是西藏，仅为 17%，也是唯一没有超过 20% 的省份；其他资产贡献率排名较为靠后的省份为青海省、北京市和宁夏，资产的贡献

表 3-3　2019 年我国各地区装备制造业主营业务收入及资产贡献率

地区	主营业务收入/亿元	总资产贡献率/%	地区	主营业务收入/亿元	总资产贡献率/%
北京	23419	0.45	湖北	45461	1.07
天津	18969	0.88	湖南	37920	1.28
河北	41095	0.87	广东	146726	1.07
山西	21335	0.51	广西	17441	0.97
内蒙古	16806	0.51	海南	2313	0.70
辽宁	31506	0.76	重庆	21442	1.00
吉林	13964	0.83	四川	44125	0.90
黑龙江	10057	0.61	贵州	9764	0.60
上海	39937	0.88	云南	14680	0.68
江苏	118485	0.98	西藏	296	0.17
浙江	76020	0.89	陕西	26021	0.68
安徽	37359	0.97	甘肃	7597	0.62
福建	57553	1.46	青海	2395	0.35
江西	35010	1.34	宁夏	4938	0.47
山东	83162	0.87	新疆	11525	0.50
河南	50077	0.95			

率分别为 35%，45% 和 47%。综合考虑主营业务收入以及资产贡献率，我们发现，西藏装备制造业的主营业务收入以及资产贡献率均排名较为靠后，制造业的发展水平较低，有着巨大的提升空间；宁夏、青海装备制造业整体的发展水平也很低，特别是装备制造业的规模应当继续扩大，提升装备制造业主营业务收入；北京装备制造业主营业务收入排在所有省份的中间，但装备制造业资产贡献率应当进一步提升，同沿海发达省份之间的差异很大。

单位劳动力的产值能反映各省装备制造业的生产效率，劳动力一定的情况下，产值越高，装备制造业的生产效率越高。在我国各省装备制造业主营业务收入和从业人数的基础上，我们获得了各省装备制造业单位劳动力的产值情况，从表 3-4 中可以看出上海的单位劳动力的产值最高，为 60.06 万元；北京和山东省排名二、三位，分别为 53.28 和 50.44 万元，这也是仅有的三个超过 50 万元的省份。其他装备制造业单位劳动力的产值排名比较靠前的省份还有天津市、江苏省，这两个省份的单位劳动力的产值均超过了 40 万元。其他省份的单位劳动力的产值普遍在 20 万元左右，其中海南省的单位劳动力的产值最低为 16.03 万元；此外，宁夏、云南等地的单位劳动力的产值也很低，排在了所有省份的最后几位。我国装备制造业的单位劳动力的产值同样也体现着明显的东中西部差异，东部地区具有明显的规模优势，而中西部地区还有着很大的提升空间。

表 3-4　2019 年我国各地区装备制造业单位从业人数产值　　（万元）

地区	单位劳动力产值/万元	地区	单位劳动力产值/万元
北京	53.28	湖北	25.41
天津	44.87	湖南	28.88
河北	38.75	广东	26.37
山西	27.84	广西	20.37
内蒙古	35.68	海南	16.03
辽宁	32.84	重庆	24.65
吉林	24.98	四川	23.93
黑龙江	27.32	贵州	23.36
上海	60.06	西藏	17.79
江苏	43.75	云南	17.10
浙江	35.61	陕西	23.29
安徽	28.45	甘肃	25.65
福建	28.79	青海	26.41
江西	26.64	宁夏	18.29
山东	50.44	新疆	22.48
河南	29.02		

3.1.4　装备制造业各部门的发展现状

装备制造业是为国民经济各部门进行简单生产和扩大再生产提供装备的各类制造业总称，其按照国民经济行业划分，具体包括以下几个部门：金属制品业、通用设备制造业、专用设备制造业、交通运输设备制造业、电气机械及器材制造业、通信设备、计算机及其他电子设备制造业、仪器仪表及文化办公用机械制造业、金属制品与机械和设备修理业。装备制造业的概念在我国正式出现于 1998 年中央经济工作会议提出的"要大力发展装备制造业"，其他国家或国际组织并没有提出装备制造业的概念。在这种情况下，我国装备制造业的发展具有符合国情和人民需求的独特内涵。装备制造业被注入了中国智慧，实现了从无到有，赶超世界先进水平，向高端装备制造业迈进。

航空装备制造业是我国现阶段高端装备制造业发展的重点方向之一，其将市场应用作为先导，将重点产品研发作为主要任务，统筹航空技术研究、市场开发、产品研发、服务发展和产业化，加快大型客机、航空装备、通用飞机和支线飞机的发展，实现大型客机首飞，成功研制喷气支线飞机并且实现 100 架年销售，建立可持续发展的航空产业体系。其中大型客机以满足中心城市点对点为目标，以需求量大的 150 座级作为切入点，按照舒适、安全、环保、经济的要求，研发具有国际竞争力的 C919 单通道干线飞机，形成产业化能力。COMAC C919 作为我国首款拥有自主知识产权，符合国际适航标准的干线民用飞机于 2017 年在上海浦东机场首飞成功，其总长 38m，高 12m，翼展 35.8m，首飞时最大飞行速度为 170 节，最大飞行高度为 3000m。C919 大型客机采用先进技术将 350 万个零部件无缝对接，完美地呈现出飞机性能，先进的复合材料和第三代铝锂合金材料，在 C919 的机体结构用量分别达到 12% 和 8.8%，研究人员规划了共 102 项关键技术攻关，国内 22 个省市、36 所高校、200 余家企业、数十万产业人员参与研制，54 家标准件制造商和 16 家材料制造商成为 C919 大型客机项目的供应商。C919 推动了我国装备制造业的发展，也推动了我国工业技术的发展，为我国在被波音和空客两大国际巨头垄断的民用航空市场取得了一争之力。2010 年中国国际航空、中国东方航空、中国南方航空、海南航空和国银金融租赁有限公司首次提交了 100 架 C919 的启动订单。截至 2018 年，C919 已经取得国内国外共 28 个用户的 815 架订单，占据了民用航空市场的一定份额。未来我国将会出现"C929"等更多国产大型客机，持续推动航空装备的开发研制，促进装备制造业向高端迈进。

卫星及应用产业是我国高技术产业，是"中国制造 2025"航天装备领域重要支柱产业，也是我国装备制造业的重点发展方向。加快推动卫星及应用产业的发展，完善民用空间的基础设施建设，提高卫星遥感、导航、通信等空间信息服务能力，提升航天技术转化和空间技术应用，对引领装备制造业发展，实现科技创新，促进军民融合发展，铸就美丽航天强国梦具有重要意义。我国的卫星及应用产业由航天运输、科学实验卫星、应用卫星、地面系统和卫星应用等五部分构成，由运载火箭制造、航天器制造、发射服务、运营服务、地面设备制造等完整产业链组成。我国卫星及应用产业坚持自主研发，通过不断的技术革新，走出了一条符合我国国情的特色发展道路，攻克了技术难关，实现了重大突破，创造出了许多国之重器。全球卫星及应用产业 2010~2018 年保持逐年增长，自 2012 年开始增长速度逐年下降。2017 年我国卫星应用产业规模为 3221.3 亿元，其中卫星导航和位置服务规模为 2550 亿元，卫星遥感市场规模为 71.5 亿元，卫星通信规模为 599.8 亿元。目前，我国应用卫星产业已发展至一定规模，具有一定的国际竞争力，行业内龙头企业主要包括合众思壮、振芯科技、中国卫星、北斗星通等。2018 年我国航天发射活动数创下历史新高，全年共执行 39 次发射任务，达到全球总数的 34%，其中运载火箭的发射次数超越了美国。目前，我国的通信、遥感、导航等各种在轨应用卫星超过 200 颗，预计未来 5 年我国还将发射包括通信卫星 20 颗左右、导航卫星 30 颗左右、遥感卫星 70 颗左右在内的总计约 120 颗卫星。在通信卫星方面，我国形成了业务涉及直播、固定和中继，通信频段全面覆盖 S、C、Ku、Ka 等频段的通信卫星系列，成为了国际上仅有的几个能够独立研发大容量通讯卫星的国家之一；在遥感卫星方面，我国形成了海洋、风云系列、资源和环境减灾小卫星星座等遥感卫星系列，与此同时，我国空间对地观测迈进了亚米级高分辨率遥感卫星时代；在导航卫星方面，我国的"北斗"导航定位卫星已经完成独立运行、自主研发的导航区域系统建设，目前具备了提供覆盖亚太地区的短报文通信业务和区域导航定位、授时服务能力。2019 年，北斗三号系统的最后一颗倾斜地球同步轨道卫星完成发射，同年第五十二颗和第五十三颗北斗导航卫星以"一箭双星"的方式在西昌卫星发射中心发射完毕，中圆轨道卫星全部发射完毕。到 2020 年，我国可完成"北斗"卫星导航系统的全球网络建设，从而具备可在全球范围内提供高可靠高精度导航、定位、授时服务和短报文通信能力。

我国装备制造业发展的不仅在航空装备产业和卫星及应用产业取得了重大成就，而且在轨道交通装备产业、海洋工程装备产业以及智能制造装备产业都取得了显著的成绩。在轨道交通装备制造业方面，我国轨道交通装备制造业近年来发展迅猛，是我国高端装备制造业产业带动效应最明显、国际竞争力最强、自主创新程度最高的行业之一，同时也是我国开展国际装备制造合作和国际产能合作的重点领域。其力求全面掌握客运列车技术和动车组技术，开发适应高热、高寒、高湿、高风沙、广域等不同系列谱系化动车组，同时提高客运轨道交通装备的舒适性、可维护性、可靠性，完成新一代的高速动车组的研制。在海洋工程装备制造业方面，我国以提高国内外竞争力为核心，面向国际海洋资源开发的重大需求，大力发展海洋矿产资源开发装备，着力突破 3000m 深水装备关键技术，全面推进海洋可再生能源装备和海洋化学资源开发装备产业化，培育潮汐能、海洋波浪能、海流能、海底金属矿产开发装备等相关产业，完善产业链，提升产业技术水平和规模，实现海洋工程装备制造业的健康发展。在智能制造装备制造业方面，我国重点突破关键智能基础共性技术，重点开发核心智能测控装置与部件，重点研制重大智能制造集成装备，重点应用示范推广领域，加快推进应用、产业与技术的协同发展。由此可见，我国的装备制造业在各个部门都得到了长足的发展，彰显了装备制造业强国的独特魅力。

3.1.5　我国生产性服务业的整体发展现状

生产性服务业是保障工业生产的服务性行业，它能够提高生产效率、加快产业升级、保持生产连续性以及加快技术创新。它从制造业内部的服务部门逐渐演化而来，依附于大型企业。生产性服务业因为投入的是知识资本和人力资本，所以处在价值链较高位置，将其合理地嵌入其他产业，将会提高相应产业的价值链位置，加快产业升级速度。生产性服务业与制造业的融合关系可以延伸至制造业的产品研发、设计、生产和市场营销、售后服务的全过程，可以促进装备制造业技术创新、产业升级，提升装备制造水平。

近年来，随着我国产业结构的不断优化，服务业所占国民经济的比重逐年提高，特别是在2013年，第三产业所占国民经济的比重首次超过了第二产业。这其中的生产性服务业更是取得了巨大的发展，成为我国产业结构调整和优化的重要保障。从图3-3中可以看出，我国目前第二产业、第三产业的比重较大，都在40%以上；第一产业的比重较小，已不足10%。随着我国产业结构的进一步优化和调整，第三产业的比重还会进一步增加。

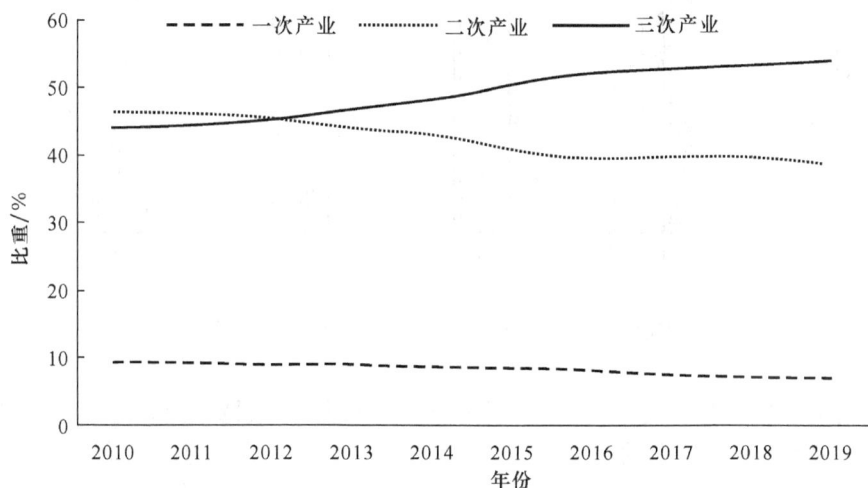

图3-3 我国三次产业所占生产总值比重变动情况

根据生产性服务业各部门的产值高低情况，交通运输业、批发零售业、金融业和房地产业四种主要生产性服务业的产值排名前列，因此选择这四个部门来反映我国生产性服务业增加值的变动情况见图3-4。其中批发零售业和房地产业中含生产性服务和消费性服务两部分，但由于其中生产性服务所占比重较大，以及细分数据的不可获得，因此没有将其进行细分。从整体上可以明显看出，四种主要生产性服务业增加值都有了明显的增加。交通运输业、批发零售业、金融业和房地产业2015年的增加值分别为30519.5亿元、67719.6亿元、56299.8亿元和42573.8亿元。而到了2018年，这四个行业的增加值分别达到了40337.2亿元、88903.7亿元、70610.3亿元和64623亿元，这表明了我国生产性服务业在近十年中取得了显著的发展。

而从各个生产性服务业单独来看,批发零售业在生产性服务业中所占的比重最大,而交通运输业所占的比重最小,金融业和房地产业规模基本相当,处于中间的位置;从发展的速度看,房地产业和交通运输业发展速度最快,相比于2015年,2018年金融业增加值增幅超过了51.79%,而房地产业增加值的增幅也超过了30%。可见,我国生产性服务业的发展速度存在着一定的差异。综上所述,我国生产性服务业的整体规模在逐渐扩大,同时增长的速度很快,是推动我国经济持续增长的主要动力。

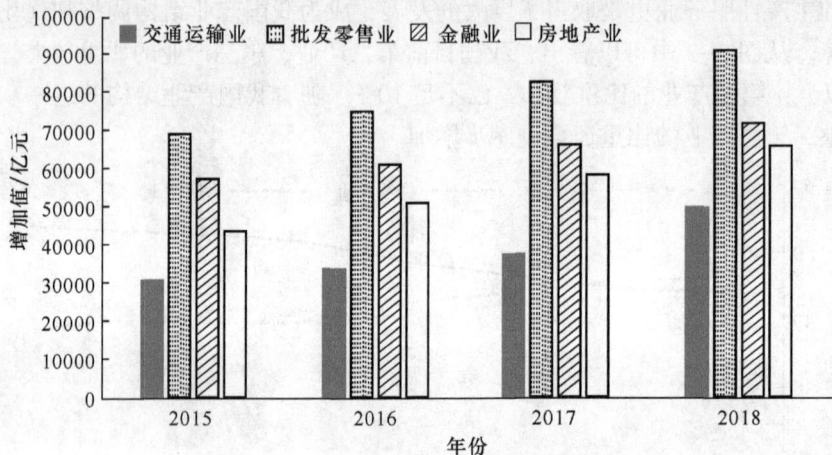

图 3-4   主要生产性服务业的增加值变动情况

表 3-5 显示的是我国主要生产性服务业的固定资产投资情况。从表中可以看出,我国生产性服务业的固定资产投资呈现出明显的上升趋势。无论是固定资产投资还是固定资产投资增长率都在快速增加。这表明了在我国三次产业结构不断优化调整的大背景下,我国第三产业的投资比重在增加,特别是生产性服务业的比重在持续增加。从生产性服务业各部门的固定资产投资变动情况来看,批发和零售业,交通运输、仓储和邮政业,房地产业的固定资产投资规模较大,排在了所有生产性服务业的第一位,并且远远领先于其他产业。我们发现这些产业几乎都属于较为低端的生产性服务业,技术含量有限,附加值水平也不高。金融业,信息传输、软件和信息技术服务业两个部门的固定资产投资规模不高,排在了主要生产性服务业中的最后两位,2018 年两个产业固定资产投资的规模分别为6997.4 亿元和1121.5 亿元。由此可见高端生产性服务业的固定资产投资规模还比较低,应当进一步提升我国高端生产性服务业的固定资产投资规模,带动我国生产性服务业产业结构的优化和升级。

表 3-5 我国主要生产性服务业的固定资产投资情况 （亿元）

年份	批发和零售业	交通运输、仓储和邮政业	信息传输、软件和信息技术服务业	金融业	房地产业
2008	2880.3	14154.0	1848.1	157.6	32438.9
2009	3741.8	17024.4	2162.6	260.6	40441.8
2010	5132.8	24974.7	2589.0	360.2	49358.5
2011	6032.2	30074.5	2454.5	489.4	64877.3
2012	7439.4	28291.7	2174.4	638.7	81686.1
2013	9810.7	31444.9	2692.0	923.9	99159.3
2014	12720.5	36790.1	3084.9	1242.0	118809.4
2015	15800.2	43215.7	4110.0	1363	131348.2
2016	18924.9	49200.0	5521.9	1367	134284.3
2017	18166.9	53890.4	6325.5	1310.2	142359.4
2018	16779.9	61449.9	6997.4	1121.5	146225.5

3.1.6 生产性服务业的经济贡献度

我国三大产业的快速发展促使我国的经济总量持续增长，经济规模不断扩大，对世界经济增长的贡献度不断提升。新中国成立之时，我国的经济基础薄弱，主要依靠农业产业，然而农业生产基础也薄弱，因此我国经济处于低迷阶段。改革开放以来，服务业蓬勃发展，进入发展快车道。到2015年，第三产业对国内生产总值的贡献率为53%，超过同年第二产业对国内生产总值的贡献度。现今几乎在所有国家，服务业的表现都影响经济增长的速度，由于服务业具有很强的关联性，更有效的服务业，例如国内运输、专业服务、金融服务、通信服务等都可以提高经济体整体的经济效益，各个行业共同发挥作用，对国内经济增长起着巨大地拉动作用。现如今发达国家拉动经济增长的主体已经由工业产业转换为服务业产业，而生产性服务业的增长速度远远超于服务业的平均增长速度，发展速度十分值得注意。在经济合作与发展组织国家中，保险、金融、房地产等生产性服务业项目的经济增加值占国内生产总值的比重都超过了三分之一。可见，生产性服务业的发展是我国打开国际市场走向世界，趋于发达国家经济发展道路，建立全球共同人类发展经济体的关键。在未来，生产性服务业将保持其强劲的发展势头，持续对我国的经济增长做出巨大贡献，有力地拉动国内生产总值的蓬勃增长。

2010年我国生产性服务业增加值为62416.6亿元，2017年为147246.4亿元，为2010年的2.35倍，生产性服务业在国民经济中的地位逐渐提升。从相对比例来看，2010年生产性服务业增加值占GDP的比例为15.11%，到2017年提升为22.16%。可以看出，生产性服务业在我国经济发展过程中的作用不断增强。且生产性服务业增加值占服务业比重在不断地提升，从2010年的34.28%到2017年的39.02%，生产性服务业在服务业的重要性得到凸显。

我国生产性服务业内部结构呈现出较为明显的变化趋势，从增加值角度来看，各个细分行业增加值都有明显提升。在2010年到2017年间，科学研究和技术服务业增加值占生产性服务业增加值比重变化较小，年至有小幅增长。信息传输、计算机服务业软件业增加值占生产性服务业的增加值有小幅下降，由2010年的14.23%下降到2017年的12.37%。而金融业取得了稳步提升，其增加值比重占生产性服务业增加值的比重由2010年的33.61%上升到2017年的42.64%，上升幅度明显。交通运输、仓储及邮政业的增加值呈下降趋势，由2010年增加值占生产性服务业增加值的30.65%下降到2017年的21.24%。

由此可见，我国服务业始终呈现蓬勃发展的态势，服务业市场主体大量涌现，产业机构明显优化，比重持续上升，产业规模不断扩大，成为带动国内经济增长、提供大量就业岗位的主要力量。以软件与信息技术和信息传输服务业、科学技术服务业、商务服务业为引领的生产性服务业市场主体飞速增长，其增长速度远远超于服务业的平均增长速度，产业规模大幅扩张，从业人员大量增长。2018年，以互联网信息技术为主的软件、信息技术和信息传输服务业有91.3万个企业法人单位，比2013年增长316.2%，年末资产共计15.2万亿元，创造营业收入7.0万亿元，同时创造就业岗位995.1万个。科学技术服务业有119.5万个企业法人单位，比2013年增长246.2%，年末资产共计15.2万亿元，创造营业收入4.5万亿元，同时创造就业岗位1029万个。商务服务业有250.6万个企业法人单位，比2013年增长207.5%，年末资产共计110.8万亿元，创造营业收入8.5万亿元，同时创造就业岗位2236.8万个。以上三个行业在服务业中共计占比超过三成，占服务业比重较2013年分别增长2.3%、2.0%和2.5%。生产性服务业爆发出其应有的活力，引领着服务业飞速向前发展，为我国经济稳中向好发展提供了重要的支持。

3.1.7　我国生产性服务业发展的地区差异

从表3-6中，我们可以看出，我国各省2019年主要生产性服务业非私营单位就业人数情况。首先，从各省主要生产性服务业的总人数来看，各省之间的差距十分明显。广东省、北京市的生产性服务业就业人数最多，分别为481.2万人、385.3万人，是仅有的两个超过300万人口的地区，处于第一梯队；江苏省、上海市、山东省的生产性服务业就业人数超过了200万，处于第二梯队；辽宁省、河北省、河南省、湖南省、湖北省、浙江省、陕西省等生产性服务业的就业

表3-6 我国各地区2019年主要生产性服务业就业人数 （万人）

地区	批发零售	交通运输	信息传输	金融	房地产	科研	合计
北京	59.6	59.0	85.9	64.5	47.4	68.9	385.3
天津	20.0	14.9	6.6	19.8	10.8	11.1	83.2
河北	20.6	27.5	10.1	37.0	10.4	16.4	122.0
山西	13.6	21.1	5.2	30.0	5.5	7.7	83.1
内蒙古	8.3	19.9	4.7	20.7	5.7	7.0	66.2
辽宁	18.8	32.9	13.7	33.5	10.7	9.8	119.5
吉林	10.4	16.3	5.6	17.5	6.1	7.8	63.7
黑龙江	11.2	25.8	8.8	23.4	5.8	8.6	83.6
上海	99.0	50.4	41.8	37.9	30.1	36.2	295.4
江苏	60.5	48.3	32.4	38.9	29.1	27.3	236.5
浙江	39.7	31.2	24.4	47.6	26.8	18.0	187.6
安徽	27.0	23.7	9.3	23.2	17.6	10.6	111.4
福建	24.7	22.9	10.8	25.2	17.4	7.9	108.8
江西	16.0	18.3	5.5	20.2	9.4	6.4	75.8
山东	46.7	44.7	17.3	55.6	26.0	18.2	208.5
河南	36.8	41.2	16.6	29.5	28.0	17.6	169.7
湖北	36.9	31.0	18.1	20.2	17.7	17.0	140.9
湖南	21.7	25.9	8.1	35.7	14.1	13.4	118.9
广东	114.7	82.6	66.2	84.4	86.0	47.3	481.2
广西	13.0	19.1	4.5	19.6	9.1	7.4	72.6
海南	5.6	7.3	2.2	5.1	8.2	2.1	30.5
重庆	22.3	21.5	4.7	20.6	13.7	7.6	90.5
四川	28.1	32.0	20.0	32.7	25.2	15.3	153.3
贵州	11.1	13.2	4.0	14.5	10.7	4.8	58.3
云南	15.8	16.3	5.3	11.9	10.4	9.4	69.1
西藏	2.4	2.6	0.9	1.4	0.5	1.2	9.0
陕西	22.7	27.1	13.4	27.8	13.8	12.9	117.7
甘肃	7.8	13.2	3.7	9.6	5.4	6.6	46.3
青海	2.4	5.2	0.9	2.9	1.4	1.8	14.6
宁夏	2.3	3.8	0.8	3.9	1.4	1.4	13.8
新疆	10.4	16.7	3.6	11.2	6.0	6.6	54.5

人数超过了 100 万人，处于第三梯队；而天津、内蒙古自治区（简称内蒙古）、吉林、黑龙江、新疆维吾尔自治区（简称新疆）等省生产性服务业的人数超过了 50 万人，处于第四梯队；最后甘肃、青海、宁夏等地的生产性服务业就业人数不足 50 万人，处在最后一个梯队。从各省市生产性服务业就业总人数差距情况，我们发现东部沿海经济发达地区，生产性服务业的规模更大，从业人数更多，中部省份的就业人数处于中间，而西部省份总体就业人数排在最后。

从各地区生产性服务业就业的内部结构，我们可以看出，北京、广东、上海等地的高端生产性服务业就业人数较多，如北京信息传输业、金融业、科研业的就业人数分别达到了 85.9 万人、64.5 万人和 68.9 万人，均排全国各个省份的第一名；其他经济发达地区高端生产性服务业就业人数的数量和比重同样比较靠前；而在甘肃、青海、宁夏等地，不仅生产性服务业的规模和就业人数同发达地区有着很大的差距，同时其高端服务业就业人数的比重也同经济发达地区有着很大的差距。综上所述，我国各省市生产性服务业发展水平存在着明显的地域差异，同时各地区生产性服务业的内部结构也存在着明显的差异，经济发达地区，高端生产性服务业的比重更高；而经济相对落后地区，低端生产性服务业的比重更高。

3.1.8 生产性服务业各部门的发展现状

生产性服务业产生于制造业企业内部服务部门，其投入知识成本和人力资本，提供与制造业相关的配套服务，本身并不直接向消费者提供独立的服务。随着国际国内市场竞争的加剧以及生产企业规模的扩大，生产企业的内部服务项目逐步独立出来并外部化，最终形成生产性服务业。生产性服务业在《国民经济和社会发展第十一个五年规划纲要》中被分类为交通运输业、信息服务业、金融服务业、现代物流业、商务服务业。生产性服务业的发展状况直接关系我国的经济增长水平，关系经济运行效率和产业结构调整优化，对推动贸易、工业、农业等转型升级，增强核心竞争力，都起到至关重要的作用。

近年来，生产性服务业增长较快，产业规模不断扩大，这主要得益于工业化、城镇化、全球化、市场化、信息化的共同作用。工业化细化深化了生产性服务业的分工，促使很多生产企业将服务环节实行外包；城镇化推动了生产性服务业的城乡一体化发展，扩大了产业规模；全球化的推进使很多跨国服务企业进入我国市场，对本土生产性服务业的发展产生了较强的外溢效应；市场化实现了资源和要素的优化配置，激发了市场活力，使生产性服务业的发展更具有效率；信息化使企业高效利用数字技术和通信网络，加速了生产性服务业连接生产和流通的能力，使其连接服务业和制造业的纽带性作用更加明显。从发展阶段上来看，我国的生产性服务业中，已经有些行业发展得相对成熟，产业规模也相对较大，如交通运输、批发、零售、物流、商务、金融服务业等；但也有些行业总体上还处于起步阶段，如数据服务、信息服务、节能环保服务、工业设计、科技服务等新兴生产性服务业。

物流服务业作为生产性服务业的一个重要部门，在国民经济发展中起着不容忽视的重要作用。近年来，我国物流服务业也取得了快速增长。2008~2017年我国的货物运输量增长了2218913万吨，铁路货运量增长了38511万吨，公路货运路增长了1770099万吨，水运货运量增长了373336万吨，远洋货运量增长了33678万吨，民用航空货运量增长了298万吨，管道货运量增长了36670万吨。在农产品、药品和快速消费品等关系民生的领域，我国的快递量也呈现出井喷的趋势。2008年，我国快递量仅为151329万件，到2017年，快递量增长到4005592万件，较2008年增长了25.47倍；2008年快递业务总收入为4084275万元，到2017年增长了12.14倍。许多拥有信息化、精准化和智能化的现代物流企业纷纷开始出现，物流行业的现代化和标准化体系逐渐成形。物流服务业对经济社会发展的促进作用日益显现。目前，我国高达5万亿元的网络零售总额带来了巨大的快递消费市场，人均快递量已经高于美国，为29件。但从人均快递量的结构来看，我国存在区域发展不平衡的问题，东部地区人均快递量较高，而中西部地区的人均单量仍处在较低的水平。由此可见，我国的快递市场还有很大的成长空间。

信息服务业作为新兴的生产性服务业之一，得益于信息化时代背景，未来将持续保持强劲的发展态势，成为国民经济的支柱行业。信息服务业主要分为信息传输服务业、信息技术服务业和信息资源产业三大类。近年来，我国信息服务业创新发展取得巨大成效，持续快速发展，2018年实现利润总额8079亿元，实现总业务收入6.3万亿元，分别同比增长9.7%和14.2%。企业人均创造业务收入达到98.06万元，同比增长9.6%。软件著作权登记数量超过了110万件，软件行业研发强度达到了10.4%。2018年我国信息消费规模达到了约5万亿元，较上年增长了12.7%，其中信息服务消费占比为46.8%。全国开展网络化协同企业、服务型制造企业和个性化定制企业的比例分别达到33.7%、24.7%和7.6%。在信息化和工业化融合方面，2018年我国工业企业的数字化研发设计工具普及率达到68.6%，关键工序数控化率达到48.5%。骨干企业的"双创"平台普及率达到80%以上。50多个具有行业、区域等重要影响力的工业互联网平台成立，平台工业设备连接数量达到60万套以上。新一代信息化和工业化的融合面临新的机遇和挑战。软件创新引擎的作用凸显，软件定义全面融入各产业和各企业，数字经济持续向深度和广度拓展，构建现代化经济体系的步伐加快，同时工控系统的安全风险日益增加，全面提升工业信息的安全防护能力刻不容缓。因此，我们要打造两化融合升级版，激发企业创造创新活力，加快制造业的网络化、智能化和数字化发展，同时全面推进工业互联网的平台体系建设，协调组织结构，加速产业做大做强，推动信息服务业的高质量发展和信息消费规模的同步提升。

　　总的来说，我国生产性服务业的发展与贸易、农业、工业等联动不足，在总体上滞后于经济社会的发展要求。从成熟度来看，我国生产性服务业还处在成长期。交通运输业、信息服务业、金融服务业、现代物流业、商务服务业都存在很大的发展空间。我国经济未来将保持中高速增长，生产性服务业受到产业结构和消费结构的持续优化升级，以及国际贸易持续扩大等因素影响，将迎来广阔的发展空间。未来，我国生产性服务业将呈现出体系化、数字化、品质化、平台化、个性化、国际化、集中化、绿色化、跨界融合等发展趋势。

3.2　产业融合机理界定

　　产业融合在不同研究视角下所体现的内涵和定义不尽相同。聂子龙和李浩（2003）认为产业融合是指不同产业或同一产业的不同行业之间相互渗透、相互交叉，最终从相互分立逐步融为一体，形成具有新的产业属性或新的产业形态的动态发展过程。植草益（2001）从产业融合的原因和结果来阐述产业融合的定义，即产业融合是通过技术革新和放宽限制来降低产业间的隔阂，加强产业间的竞争合作关系。在现代信息技术和基础设施的共同作用下，产业融合的本质是产业创新，是以技术创新和技术融合为基础与核心的产业发展趋势。除现代信息技术外，互联网的快速发展也是推动产业融合发展的另一诱因。尤其在电信、广播电视和出版等产业在数字融合的基础上走在了产业融合的前列。因此，产业融合的前提是技术融合、业务融合和市场融合。通过这些方式的融合，产业边界开始模糊，产业融合的发展越来越迅速。

　　产业融合机理是指不同产业或同一产业的不同行业内各要素的内在运行方式，及诸要素相互渗透、相互交叉、相互融合的运行规则。从规律来看，产业融合的发展变化与演变过程随空间、时间的转换产生不同的规律和方式，即产业融合与地理位置和时代发展都存在着潜在关系。不同地域的产业融合过程会因为当地经济状况、民生条件等而有所不同。新型产业的诞生也会促进新的产业融合规律或者方式诞生。虽然微观视角下，每个产业融合的机理都会有不同的差别。但从宏观角度来审视，相同类型的产业融合具有相同的内在规律和过程。我们要探究产业融合机理，首先要找到二者融合的动因，就是要通过考察两大产业受到哪些因素的刺激和相互作用、经过怎样的过程才能实现产业间的融合，从而总结出产业融合的内在规律。

　　本书所研究的产业融合主要针对生产性服务业和装备制造业间的融合。因为产业的内涵和特点将决定着二者融合的具体过程，所以生产性服务业和装备制造业既具备一般产业融合的内在规律，同时又具备其他产业所不具备的特征，即这两种产业融合的是相对特殊的。

3.3 生产性服务业与装备制造业融合演进分析

3.3.1 生产性服务业与装备制造业融合的演进方式

胡汉辉和邢华（2003）在研究中认为生产性服务业与装备制造业融合的演进方式以产业渗透、产业交叉和产业重组呈现。吴义杰（2010）也认为交叉融合、渗透融合以及产业重组是融合演进方式的三种表现形式。陈柳钦（2007）将产业融合的演进方式的分类为高新技术的渗透、产业间的延伸、产业内部的重组。

高新技术的渗透融合是在新型高科技产业技术快速发展下，带来的产业融合方式，即新技术的发展催生新产业的诞生，或者加速两个产业的融合发展。例如互联网技术向传统销售业渗透产生的电子商务就是高新技术渗透融合类型的典型案例。高新技术的诞生除给传统产业带来冲击和挑战之外，也帮助和促进了传统产业的快速发展和提高。一方面，为了阻止或者适应高新技术带来的竞争冲击，传统产业需要调整和规划内部产业结构；另一方面，高新技术的渗透会迫使传统产业向其他产业寻求融合来谋求发展和创新。

产业间的融合主要是通过不同产业间的业务延伸和互补来实现的。通常高新技术或新型产业诞生后会带动产业间融合的快速演变。例如电子商务新型产业的诞生，促使了传统物流业和运输业快速与其融合，产生了专门服务于电子商务的新型物流产业。因为互补或延伸的需求，一般发生在两个不同类型产业间的融合的概率要大一些。因此，第三产业向第一产业和第二产业融合的机会要比在同类型产业间的融合多。

产业内部的重组融合通常情况下是因为产业新的发展需要，或者市场竞争下的产业结构调整，具有紧密联系的产业间或者同一产业内部的不同部门之间由相对独立的关系，融合成为在同一标准或者目标下的共同体。目前，产业内部的重组融合多发生在具有上下游性质的不同产业间，且因为信息化技术的快速发展，这种融合的现象越来越多。例如之前突出以炼钢为主的传统钢铁企业已经逐步走向"采选冶"一体化的发展模式。即将企业内部分散管理的采矿、选矿和冶炼产业通过物联网即信息化技术相互融合、统一管理规划，创造了新型钢铁企业。

3.3.2 生产性服务业与装备制造业融合的演进过程

1966年美国经济学家 H. Greenfield 在研究服务业及其分类时，最早提出了生产性服务业（Producer Services）的概念。与生产性服务业相对应的是消费性服务业。生产性服务业的专业领域是除消费性服务业以外的服务领域，包括仓储、办公清洁和安全服务等。也有学者将生产性服务业的领域范围拓展到保险、银行、金融和其他商业服务业，以及职业和科学服务，如会计、法律服务、设计开发等，即生产性服务业是保障制造业的连续生产、技术升级、效率提高的服务行业。

从生产性服务业的产生发展进程来看，生产性服务业与装备制造业的融合演进经历了内部衍生、相对独立、再度融合三个过程（李延超，2010）。因此，生产性服务业与装备制造业的融合在演进初期属于产业内部的重组融合。但从演进过程后续发展模式来看，生产性服务业与装备制造业的融合属于不同产业间互补与延伸，属于产业间的融合。

内部衍生是指装备制造业因为自身产业链和产业结构的特点，涵盖了许多服务性工作内容和过程（例如最基本的清洁、维修、仓储管理、运输、法律服务等），随着企业管理研究发展的不断加速，企业内部的分工合作越来越明显，各个部门和工种的业务范围划分得越来越清晰，企业内部的部门设置也越来越细致、越来越庞大。这些被划分出来的部门与实际生产的部门性质和业务领域完全不同，但它们都是为了保障生产正常连续的环节中不可或缺的部分。这些部门也可被称为生产服务性部门。在内部衍生的过程中，这些部门对于自己的业务水平也在不断提升，向更专业、更高质量的方向迈进。但由于生产服务性部门的业务内容同制造业本身存在实质性差别，因此企业必须加大成本雇佣或者培养更专业的生产服务性人员，这给企业的生产管理带来了前所未有的压力。

制造业服务化就是制造企业为了获取竞争优势，将价值链由以制造为中心向以服务为中心转变。这一概念最早是由美国学者 Vandemeiwe 提出的。制造业服务化区别于传统制造业的生产模式在于产品生产的驱动方式。由生产来推动销售服务是传统制造业在管理和经营理念上的特征。随着市场化的不断发展和演变，以末端的销售服务来带动生产的管理和经营模式逐渐成为制造业的转型和发展趋势。制造业服务化正是传统制造业在面临市场挑战和转型压力中寻找到的新兴管理和发展模式。制造业服务化体现在制造业的服务意识提升，着眼于"客制化"的生产服务。随着制造业服务化理念在产业中的不断深入和延伸，服务化的概念从对外演变为对内。即装备制造业内部衍生出的许多生产服务性部门被同样要求提供更细致、更高标准的客制化服务。同时，为了节约成本，提高管理质量，适当减小企业体制臃肿和人员冗余，许多的生产服务性部门被要求独立，它们的人事管理和财务核算都不再受原本制造业企业的限制和束缚。对于企业来说，生产服务性部门独立后，可以用消费者的身份来对原有部门提出更严格的服务质量要求；而对于生产服务性部门来说，独立后可以面向更多的同类型企业提供生产性服务。

再度融合是指，生产服务性部门独立之后，逐渐形成了现在的生产性服务产业。生产性服务产业中的许多产业其实早有存在，例如金融业当中的会计、保险和法律等。只是随着装备制造业对于生产性服务的需求范围越来越广，要求越来越高，更多的服务型产业分化出专门针对装备制造业的产业内容，因此出现了大量的生产性服务产业类型。而从装备制造业内部独立出来的许多生产性服务产业，也在不断地与外部进行改进与融合，以适应装备制造业的更多需求。装备制造业在把许多生产服务性部门推向市场之后，反倒因为客制化服务的需求，与它们联系得更紧密，融合度越来越高。一方面，高新技术的出现，促使双方必须针对同一目标进行深化改革和提高。例如信息化、数字化技术的不断发展，促使提供信息化管理、智能化设计等生产性服务产业不断升级和技术革新；而装备制造业也需要进行内部变革来反馈和适应新服务带来的改变。另一方面，互联网、大数据时代的来临，也促使双方在某种程度上必须达到资源共享、信息互通。这同样加快了生产性服务业与装备制造业的融合速度，拓展了双方的融合广度。

3.4 融合动因分析

3.4.1 价值链攀升驱动

根据价值链理论，"每一个企业都是在设计、生产、销售、发送和辅助其产品的过程中进行种种活动的集合体。所有这些活动可以用一个价值链来表明。"也就是说，企业的每一项活动都可以创造价值，这些相互关联的一系列价值创造活动所构成的动态过程，即价值链。装备制造业的价值创造活动可以分为两个部分，一部分为处于价值链上游的与生产经营相关的价值创造活动，如材料供应、产品开发、生产运输等，另一部分为处于价值链下游与客户服务相关的价值创造活动，如成品运输、市场营销、售后服务等。根据"微笑曲线"理论，在一条完整的产业链中，附加价值较高的区块在曲线的两端，即辅助性活动区块。在生产性服务业发展的初期，装备制造业产品价值链的附加价值主要在产品加工制造环节，而随着技术不断创新，越来越多的企业参与到竞争中，生产性服务业逐步发展成熟，装备制造业的价值创造更多地转移到价值链中价值较高的部分，如上游的研发、设计、金融，下游的销售、售后服务、客户服务等。这时，在价值链向上攀升的驱动下，装备制造业的价值链发生断裂分解，并逐步与具有相关性的生产性服务业的价值链相互连接，随后经过价值链的重新整合，形成一条新的产业价值链。由此可见，产业价值链攀升的驱动是生产性服务业与装备制造业相互融合的内在动力。

3.4.2 技术创新推动

20世纪90年代以来，世界各国产业发展进入产业融合阶段，其主要动因在于技术创新力量尤其是通讯与信息技术的推动。Porter（1912）以AT&T在多个领域的合并为例，分析产业融合对产业边界的影响，他认为技术创新开发出具有共生性或互补性的技术或产品，能够推动产业突破原有的边界，从而改变制造业与服务业的生产函数。日本的植草益（2001）以信息通讯业为例，提出以技术融合为基础的产业间相互渗透，为制造业与服务业的融合提供动力。一方面，发生在装备制造业的技术创新，通过渗透或延伸扩散到生产性服务业内，改变了装备制造业的生产函数，或者发生在生产性服务业的技术创新，通过渗透扩散到装备制造业内，改变了装备制造业的生产函数，这种技术的渗透与扩散促使生产性服务业与装备制造业间的产业界限趋于模糊，为二者的融合提供了动力。另一方面，新的技术能够创造新的市场需求，为生产性服务业与装备制造业的融合提供市场容量。也就是说，技术创新逐步扩散到生产性服务业与装备制造业之中导致技术融合，技术融合打破原有的技术壁垒，使两个产业的技术边界逐渐模糊，最终导致生产性服务业与装备制造业的融合。由此可见，技术创新是生产性服务业与装备制造业融合的基础动力。

3.4.3　市场需求拉动

随着社会经济的发展，消费者更多追求高效、快捷、舒适的产品和服务。人类需求水平的逐步提高推动企业不断发展进步以满足市场多元化、多层次的消费需求。随着技术的创新与扩散，尤其是信息技术的广泛应用，越来越多的实物产品信息化，各种相关产品服务通过电子商务得以交换，使得生产者与消费者、产品与服务的联系更加密切。技术创新的推动，影响和改变了生产性服务业与装备制造业的产业特点、市场状况以及生产经营过程，从而改变了生产性服务业与装备制造业原有的产品市场需求及市场竞争力。市场需求属性的改变给原有产业带来了新的市场需求，反过来，更广阔的市场需求进一步推动产品服务创新，为生产性服务业与装备制造业的融合创造了更大的市场容量，使两个产业的融合在更大范围内出现。另外，社会进步和生活水平的提高正在逐步改变人们的消费理念和消费习惯，消费者已经从注重产品的占有性消费逐步转变为注重服务的享受型消费。在这种情况下，产品和服务只有捆绑销售才能满足消费者的需求，例如装备制造业在产品制造过程中根据消费者特别需求增加研发、设计、培训、咨询等相关服务，为客户提供全方位、多层次的解决方案，以此提高客户的满意度和忠诚度，从而提高其市场占有率，保持产业长期竞争优势。可见，正是市场需求的变化拉动了生产性服务业与装备制造业的融合发展。

3.4.4　竞争力提升驱动

企业在竞争日益激烈的市场环境下，不断进行技术创新、管理创新、产品服务创新，以实现经济效益最大化的目标，从而提升自身的竞争优势。当技术发展到一定水平，市场出现更加多元化的需求后，企业为提升市场竞争力逐步谋求以共赢为基础的合作竞争关系，也就是"在合作中竞争，在竞争中合作"的协同竞争模式，在这一过程中产生新的技术创新从而实现企业间某种程度的相互融合。在这种合作竞争的理念指引下，生产性服务业与装备制造业内企业间有意识的相互融合突破了原有产业间的分工界限，降低了产业间的进入壁垒，从而使更多的资源可以在更广的范围内进行流动和配置，生产出具备更强的市场竞争力的产品或服务。所以，企业提升竞争力的驱动是生产性服务业与装备制造业相互融合的企业动因。另外，生产性服务业与装备制造业的融合发展，进一步突破两个产业之间的边界，构建产业之间、企业之间新的合作竞争关系，从而扩大了竞争范围；同时，改变了原有产业的垄断关系，减少了产业间的进入壁垒，降低了市场交易成本，进一步增强了企业的长期竞争优势。在生产性服务业与装备制造业融合的过程中，随着市场需求的不断变化，在产品逐步融合的同时，产品的差异化程度也在不断加大，两者相伴而生，由此加大了产业内企业之间相互竞争的效应。

3.5 融合过程分析

3.5.1 关键技术融合

生产性服务业与装备制造业的融合是从技术融合开始的。技术创新开发出了替代型、通用型产品或服务，在逐步向两个产业渗透的过程中替代了原有的传统技术，改变了二者原有的技术路线和生产成本函数，同时改变了生产性服务业与装备制造业的市场需求特征，给原有产业带来了新的市场需求和市场空间，从而加速了两个产业的交叉融合。在技术创新的推动下，生产性服务业与装备制造业的产业边界逐渐模糊，并出现了融合型的研发设计活动。由于融合型新技术具有扩散渗透力强、交易成本低、传播范围广等特点，促使生产性服务业与装备制造业企业突破自身传统的运行惯性，在加速吸收并运用新技术的同时进行自发性、主动性、常态性的技术创新活动，使得企业的竞争力大幅提升；新技术融合的成功运用，引起生产性服务业与装备制造业内企业纷纷效仿，他们引进大量人才和增加研发投入，对本企业的原有技术平台进行改造升级，提高其既有技术的通用性和替代性，同时开发出新的产品服务或创造出新的工艺技术，这加速了生产性服务业与装备制造业的技术融合。可见，技术创新在生产性服务业与装备制造业之间的扩散引发了溢出效应，企业在不断开发新技术的同时也对原有技术进行改造创新，从而逐步实现了生产性服务业与装备制造业的技术融合。

3.5.2 服务产品融合

生产性服务业与装备制造业的技术融合进一步推动了两大产业的产品融合。

通过技术创新活动，装备制造业与生产性服务业实现产品功能的互补，形成"互补型"融合产品。这类产品更多体现为制造业产品特性，兼具生产性服务功能，实现"产品+服务"的捆绑销售，能够丰富产品内涵，提高消费者的满意度和忠诚度，从而提高产品的市场渗透力，增强产业竞争力。通过挖掘装备制造业上游及下游生产活动中新的生产性服务需求，装备制造业与生产性服务业衍生出"延伸型"融合产品。这类产品基于"用户导向"进行产品拓展服务，拓宽了生产性服务业与装备制造业的生产经营领域，同时深化了两大产业的分工程度和专业化水平，从而拉动了生产性服务业与装备制造业的发展。通过装备制造业与生产性服务业之间技术、资源、业务的深度融合，形成"替代性"融合产品。这类产品附带着一系列的服务功能，为消费者提供"一站式"的全方位解决方案，并通过与客户的全程多点式接触，创造出更大的产品价值。由此可见，装备制造业与生产性服务业的融合和两大产业各自的产品能力密切相关，产品能力越强，两大产业的产品融合越为顺利。

3.5.3　目标市场融合

在技术融合与产品融合的推动下，"产品+服务"型产品市场需求不断扩大，融合型产品在装备制造业与生产性服务业市场中的比重不断上升，两大产业的市场融合程度不断加强。在此基础上，供应商与消费者的联系日益密切，逐步创造出更广泛的市场需求并渐渐形成稳定的交易模式和交易规则，市场机制的日趋完善使得装备制造业与生产性服务业的市场融合得以实现。可见，技术融合与产品融合最终都应以市场融合为导向，通过改变生产函数实现产品差异化，增强产品竞争力而创造更多的市场需求，或者通过新产品的附加功能形成新的市场需求，亦或是通过改变消费者的个人偏好及消费习惯来创造新的市场需求。只有创造出足够的需求，才能实现两大产业的市场融合。

3.5.4　管理与组织融合

传统装备制造业为保证企业运行的高效率，一般存在着制度分明的组织与管理体系，但这不利于企业进行产品、市场、经营模式的创新活动。装备制造业与生产性服务业经过技术融合、产品融合和市场融合，企业内部运行规律和信息传递方式发生改变，导致两大产业间管理职能与组织结构出现重大调整，引发企业内部对管理和组织功能进行创新，从而形成企业对管理及组织融合的需求。企业通过不断的学习与创新，整合各方面的资源，突破原有的运行框架，采用灵活度更高、适应性更强的管理及组织体系，建立信息传递更为高效的开放式运营平台。装备制造业与生产性服务业管理及组织的融合由易到难经过三个阶段，首先是内部运行的沟通协调机制的融合，其次是生产运作的计划、组织、监督机制的融合,最后是企业领导层的控制职能的融合。管理及组织融合是装备制造业与生产性服务业实现融合的最终阶段,融合过程受两大产业自身原有管理水平限制。

3.6 融合的差异性及其收敛性

3.6.1 融合的差异性

不同国家、不同地区生产性服务业同装备制造业的融合存在着较大的差异。这种差异性由许多原因所造成,如地区间经济发展水平的差距、生产性服务业或装备制造业发展水平的差异、产业政策的差异等。无论是哪种原因所导致的差异,装备制造业和生产性服务业的差异性都可以归结为两大类:第一类为装备制造业和生产性服务业在融合过程中,两个产业所发挥的作用不一样;第二类为装备制造业和生产性服务业融合存在着空间分布的差异。

产业融合中,哪个产业发挥的作用更大一直是学术界关注的热点问题。在装备制造业同生产性服务业融合的早期研究中,大家普遍认为装备制造业起到了关键性的作用。S. Illeris(1989)认为,在装备制造业同生产性服务业融合的过程中,装备制造业极大地带动了生产性服务业的发展,装备制造业发展的需要为生产性服务业提供了丰富的发展机会。Senna(1993)从产业关联的角度分析了装备制造业同生产性服务业融合的过程,并指出同生产性服务业相比,装备制造业有着更高的产业关联度,对其他产业有着更大的带动作用。

随着研究的不断深入,学术界开始逐渐重视生产性服务业在两个产业融合过程中所发挥的作用。陈菁菁(2011)认为,在生产性服务业同装备制造业的融合过程中,两个产业所发挥的作用是不一样的,由两个产业的发展状况所决定。当生产性服务业发展水平相对较高时,生产性服务业会对装备制造业的发展起到很好的支撑作用;当装备制造业发展水平相对较高时,装备制造业也会对生产性服务业的发展起到很好的带动效果。特别是生产性服务业的快速发展,如法律、会计、信息、物流等行业发展迅猛,能够为装备制造业提供更大的支撑,并在产业融合的过程中发挥更大的作用。

王珺(2012)指出,金融、法律等行业的快速发展,为装备制造业提供了更加全面、系统的服务保障,由生产性服务业主导的产业融合,其融合效果更佳,同时也更有利于两个产业的协同发展。徐玉林(2014)以物流行业为例,介绍了以物流行业为主导的多装备制造业部门的产业融合。由于信息通讯和处理技术的快速发展,以及物流运输工具的多样化和丰富化,物流行业的运输效率有了明显的提升,能够为装备制造业企业提供更加迅捷的运输服务。同时物流行业的迅猛发展也对装备制造业提出了更高的要求,上游装备制造业要不断提高其生产效率,以满足下游装备制造业企业生产的需要。

产业发展水平会对产业融合产生显著性的影响,而产业发展水平有着明显的地区性差异。因此，装备制造业和生产性服务业融合存在着空间分布的差异问题。Rosenthal（2004）从规模经济的角度分析了产业融合的地区性差异问题，他指出生产性服务业和装备制造业的经营效果同行业的规模呈正比例关系，会随着行业规模的增加而增加。而在大城市中，装备制造业和生产性服务业的发展规模会更大。因此在大城市中，装备制造业同生产性服务业的融合度会更高。Beyers（2006）验证了这一结论，他以北美的若干个城市为例，分析了不同城市规模背景下，装备制造业同生产性服务业的融合程度，研究表明同中小城市相比，大城市的产业融合有着明显的优势。

Hansen（2008）进一步解释了这一问题，在一个信息化导向越来越明显的经济体中，生产性服务业促进劳动力分工进一步深化，使得整个经济的生产力得到提高。而中心城市或大都市正好具备高度信息化的条件。近年来，国内学者又发现了装备制造业和生产性服务业融合的新问题。闫小培等人（2011）发现受城市工资、房价等因素的制约，越来越多的低端装备制造业企业离开一线城市，向二三线城市进行转移，同时越来越多的高端生产性服务业在中心城市聚集。在这一背景下，以生产性服务业为主导的两个产业融合将会更多的在中心城市发生，同时产业融合后所带来的经济效益也更优。

3.6.2　融合差异的收敛性

从以上分析可以看出，区域之间的装备制造业同生产性服务业的融合存在着明显的地域差距，产业融合的水平同城市的规模、经济的发展水平有着显著的正向关联。那么这种差异是否会持续存在，即产业融合水平落后的地区是否能够追赶上领先地区，也就是产业融合差异是否具有收敛性。收敛性是指各地区的装备制造业同生产性服务的融合效率最终会达到完全相同的稳定增长状态，即目前融合效率水平较低的地区通过提高融合的水平最终能够追赶上领先地区。收敛性模型最初用来检验地区收入差距是否存在着收敛性，之后这一检验被广泛应用到分析各种类型的差异化问题。

目前，国内外对产业融合差异化的收敛性分析还处于起步阶段，相关研究还很少见，现有研究多是单独对装备制造业或生产性服务业的差异化问题进行研究。李菁（2014）研究了我国装备制造业发展水平地区差异化的收敛性问题，指出我国不存在全国性的绝对收敛，但在我国的东部地区、中部地区、西部地区内部存在着绝对的收敛，即在区域内落后地区能够追赶上领先地区，但区域间的差异将会一直存在。袁丹等人（2016）分析了我国生产性服务业全要素生产率的异质性和收敛性问题，研究发现部分细分行业存在着绝对收敛，同时我国的东部、西部地区内部存在着绝对的收敛。

从以上分析可知，目前国内外关于生产性服务业同装备制造业产业融合效率的收敛性分析还很少。因此本书对我国整体以及各区域内的生产性服务业同装备制造业的融合效率进行分析，能够对我国生产性服务业同装备制造业融合效率是否存在收敛性这一问题提供较为科学的解释。这也是本书的一个创新点。

3.7 企业实施融合发展的战略选择

企业是构成产业的单元，产业融合往往是由不同企业之间的融合来完成的。企业自身的跨界发展或者不同企业之间的相互融合有着多种不同的形式，通过对现有企业融合发展战略进行总结，企业融合可以划分为产业延伸模式、服务拓展模式、企业集聚模式三种模式。

（1）产业延伸模式。这种模式主要是围绕某个装备制造业企业的制造生产环节，向上游的融资、咨询、设计等环节前伸，向下游的销售、售后等环节后延，构建包括融资、设计、制造、销售、维护等环节为一体的现代企业发展模式。通过打通产业链条，有效降低装备制造业企业的生产成本，同时通过同生产性服务业企业的融合，不断增强自身的市场竞争力。而生产性服务业在为装备制造业企业服务的过程中，也不断积累相关经验，为后期为其他装备制造业企业提供优质服务打下坚实基础，最终实现两个产业的融合发展。

（2）服务拓展模式，建设横向全产业链。不同于纵向延伸模式，服务拓展模式是围绕企业的某一单一环节进行拓展，通过产业融合的手段来实现这一环节的优化。同样以装备制造业的制造环节为例，传统的生产过程完全由企业自身实施，往往存在生产效率低、污染严重等问题。而通过与其配套的生产性服务业企业进行合作，对生产过程进行重新设计，对关键技术进行创新改造，企业就能够实现专业化、标准化、集约化等目标。因此该种企业融合战略，就是以企业的单个生产过程为核心，以优化为目标的横向融合方式。

（3）企业集聚模式，建设区域全产业链。这种模式是在特定地理区域内，集中发展一批装备制造业企业和贸易、仓储、物流、质检、信息等配套的生产性服务业企业，实现农业和相关二三产业彼此配套、融合发展。通过建设产业园的形式，以一家或多家龙头企业为核心，吸引相关配套企业进驻，在此集群集聚发展，构成多条横向和纵向产业链条，形成多产业交叉融合、共同推进的格局。

3.8 本章小结

我国经济建设取得巨大成就的背景下，装备制造业和生产性服务业的融合迫在眉睫。在两个产业融合过程中，生产技术不断进步，产业资源也在不断优化重组。因此这种融合不是简单的回到生产链条上的分工合作的状态，而是各产业在一些影响因素的作用下发展后包含新的内容，使既有的边界变得模糊，具备对方产业的特征，并呈现出一种新型的更高级的产业形态。由于空间和时间、内在机制和外在环境的差别，产业融合的表现形式往往具有较大差异，但从跨度较长的时间范围来看，产业融合具有相同的内在规律，即各产业之间的融合是在相似的条件和过程中完成的。本章同时对产业融合的共性和特性问题进行研究，有助于更清晰地认识生产性服务业与装备制造业的产业融合。

本章在对产业融合的机理进行界定的基础上，分析了产业融合的三种演进方式：高新技术的渗透融合、产业间的延伸融合、产业内部的重组融合。这三种方式是产业融合的共性规律，适用于生产性服务业与装备制造业的融合演进。

在剖析产业融合演进方式的基础上，结合生产性服务业与装备制造业的产业属性和产业特点，从生产性服务业的产生发展进程的角度来看，将生产性服务业与装备制造业的融合演进概括为内部衍生、相对独立、再度融合三个过程，并深入分析了各类融合过程在生产性服务业与装备制造业产业融合中的具体表现和演进方式。

本章系统分析了生产性服务业与装备制造业的融合动因，总结出两大产业的融合受到价值链攀升驱动、技术创新推动、市场需求拉动以及竞争力提升驱动的共同影响。在此基础之上，详细阐述了生产性服务业与装备制造业的融合经过技术融合、产品融合、市场融合，最终通过管理与组织融合实现两大产业的完全融合，并且揭示了生产性服务业与装备制造业融合的影响因素，表明两者的融合受技术能力因素、产品能力因素、市场能力因素、管理能力因素和环境因素的影响。

生产性服务业同装备制造业融合存在着明显的地区差异，其具体表现可以归结为两类：第一类为装备制造业和生产性服务业在融合过程中，两个产业所发挥的作用不一样；第二类为装备制造业和生产性服务业融合存在着空间分布的差异。而收敛性研究能够揭示各地区的装备制造业同生产性服务的融合效率最终是否会达到完全相同的稳定增长状态。

4 我国装备制造业与生产性服务业融合水平测度分析

4.1 测度方法的选择

对于产业融合度的测量，现有的文献中用到的方法主要有投入产出法、熵指数法、赫芬达尔指数法及多元线性回归等。其中较为成熟且使用较多的是投入产出法。投入产出思想最早由美国经济学家瓦里西提出。他于1936年发表了《美国经济制度中投入产出的数量关系》一文，提出投入产出分析方法的核心思想；1941年出版了《美国经济结构，1919-1929》一书，对"投入产出分析"进行了详细阐述；1953年出版了《美国经济结构研究》，介绍了投入产出分析的基本原理及其发展应用。投入产出法通常用以研究某一国家或地区经济部门间的产业关联关系，即产业间以投入品和产出品为连接的技术经济联系。其中，投入是指社会经济生产期间各生产要素的使用情况，比如消耗劳动力、占用各类资源或者接受生产性服务等；产出是指经济生产的物质或服务产品，以及它们被使用的方向。通过对两者组合的分析，可以更加直观地发现产业之间的依存程度。

已有很多文献采用该法对产业融合度进行分析。例如，王琪延、徐玲（2014）采用适时修正法编制投入产出表，并利用投入产出法分别计算旅游业与文化核心产业的直接消耗系数、完全消耗系数、直接分配系数和完全分配系数，对北京市旅游业与文化产业的关联状态进行分析，揭示了二者的融合现状。吴茜茜、王世豪（2015）使用投入产出法对珠三角地区制造业对服务业的直接消耗系数、间接消耗系数以及服务业对制造业的直接消耗系数和间接消耗系数进行实证分析，发现在过去10多年里，二者的融合呈显著的增长趋势，并且互动和依赖趋势越来越明显，但二者各自的发展程度对融合过程有限制作用，因此未来二者还有很大的融合空间。谢姝琳、房俊峰（2011）在研究生产性服务业的产业关联问题时，以2007年我国投入产出表数据为基础，从经济规模、中间需求、技术联系等方面运用投入产出法分析我国生产性服务业的产业融合效应。胡树华、邓泽霖和王利军（2016）通过对我国2010年服务业与制造业的数据进行分析，将投入产出法中的直接消耗系数和完全消耗系数进行对比，研究我国服务业与制造业的产业关联。陈是（2016）在研究我国制造业与服务业的产业融合问题时，采用投入产出法，以时间为主线分析了我国生产服务型产品参与生产的程度，据此对我国服务业和制造业的发展提出建议。张丁榕（2013）基于投入产出法，以长三角地区两省一市 2007 年投入产出表数据为基础，对该地区生产性服务业发展情况与制造业的产业关联进行分析。陈蓉和陈再福（2018）基于投入产出分析法，运用直接消耗系数和直接分配系数从纵向角度分析了福建省的生产性服务业与制造业的融合水平，据此得出，福建省制造业与现代知识密集型生产性服务业的融合度相对较低，与传统生产性服务业的融合度相对较高。彭徽和匡贤明（2019）基于国际投入产出表，构建单向融合度、综合融合度和融合互动度指数，并将产业部门按照技术密集度进行分类，测度产业融合的程度。桂黄宝等人（2017）对河南省生产性服务业与装备制造业融合发展进行深入分析，构建影响因素理论模型，发现河南省生产性服务业与装备制造业融合发展受到政府政策、产品研发水平、企业创新能力和竞争力等因素的影响，但影响程度不同。

从已有文献分析来看，利用投入产出法进行产业关联分析的研究较多。这是因为严格来说，投入产出法虽然不能直接反应装备制造业和生产性服务业之间的融合程度，但可以用来衡量各部门、各产业之间的经济直接联系或者间接联系，这种联系可以看作是两个部门或者产业之间的结合程度。吴茜茜、王世豪（2015）指出，这种紧密的结合程度虽然不等同于产业融合程度，但是可以从侧面反映装备制造业和生产性服务业之间的融合趋势。此外，装备制造业和生产性服务业种类、部门繁多，包含成千上万种产品及生产单位，两个产业的融合涉及多种中观变量，而实际产业融合程度分析是一个宏观概念，从中观变量到宏观概念分析，需要一个转换过程。投入产出法是对一般均衡模型的简化，它首先简化了各种方程式中的变量，并在投入产出模型中省略了生产要素供给的影响，减少了计算困难，从而可以相对快速地进行关联性分析。所以投入产出法的应用在其原有数据概念的基础上已经拓展为：研究产业结构及其关联程度；编制宏观经济计划。利用有关的技术经济系数，投入产出法可以分析各部门在国民经济中的地位作用和产业关联程度，同时投入产出法的消耗系数可以对有关经济系数进行预测，从而决策宏观经济计划的部分内容。

基于投入产出法的以上特点，本书采用建立投入产出模型的分析方法来对装备制造业和生产性服务业的融合水平进行测度。根据投入产出表建立的数学模型即投入产出模型，分为四大类：

（1）静态模型和动态模型。这两个模型是按照模型反映时期长短来划分的，只涉及某一年的再生产过程以及变量只是这一年的一些资料，而时间因素不予反映的为静态模型。涉及两个及以上年度的再生产过程以及研究各个生产过程间的相互联系的为动态模型。

（2）价值型和实物型。二者是按计量单位来划分的，以货币为计量单位的为价值型，以实物为单位计量的为实物型。

（3）宏观型和微观型。二者是按投入产出表的资料来划分的。

（4）报告期和计划期投入产出模型。报告期投入产出模型的资料都是报告期内统计的资料，后者则为根据预测计划的数据资料。

本章借鉴前人的研究成果，通过两个产业部门之间的相互消耗情况来反映两个产业的融合水平。两个产业的融合水平是指某一单一产业部门每生产一单位产品对另一个产业部门所生产产品的直接消耗量或完全消耗量，反映的是两个产业相互之间绝对的融合水平，而投入产出数据能够真实地给出某两个产业部门之间的消耗情况，因此本章使用最新投入产出数据，通过直接消耗系数和完全消耗系数来具体测度我国装备制造业和生产性服务业各部门之间的融合水平。

4.2 基于产业融合的投入产出分析

4.2.1 投入产出表

投入产出模型是美国经济学家列昂惕夫提出的，其最早在学术论文中应用投入产出技术，这也标志着投入产出技术的诞生。在此之后，列昂惕夫将该方法应用到对美国的经济分析中，如对美国战后钢的需求量、劳动力需求等方面进行预测，而这些预测结果后来基本都成为了现实。投入产出技术从此受到了世界其他国家政府和学者的重视。随着我国生产不断发展，技术不断进步，各个产业间的联系越来越复杂，当代的经济可以说是在有着复杂联系的网络基础上进行的。虽然国民经济各个系统间的联系相对较为复杂，但可以大概表述为投入与产出（消耗与被消耗）两者间相互依存的关系。因而分析各个系统间复杂的联系可以从投入与产出的角度出发。投入产出技术应用需要以投入产出表为基础。我国投入产出表的编制工作开始于 20 世纪 70 年代，早期编制的投入产出表大多是实物型的。1987 年我国首次基于投入产出调查编制了价值型的投入产出表，并确定了逢二、逢七年份编制一个投入产出表，逢零、逢五编制投入产出延长表。目前已公布最新的为《2012 年中国投入产出表》。

投入产出分析中的投入指的是在生产活动过程中消耗的所投入的产品，包括原材料、辅助材料、动力、办公用品、燃料、固定资产折旧、服务、劳动力等，投入是生产活动进行的基础资料和劳动力。产出指的是在某项经济活动中投入的使用去向以及该项活动的结果。本章所分析的投入和产出，主要是从定量的角度研究装备制造业及其细分行业对生产性服务业及其细分行业间的数量依存关系，因此投入产出分析主要反应的就是投入和产出的数量关系，在分析两个产业间融合度时，以投入产出表数据为主要依据，并结合相关数学模型，通过计算直接消耗系数和完全消耗系数对产业融合度进行测量和分析。

投入产出法的分析工具按照分析方式不同可以区分为投入产出表和投入产出模型，后者依据前者创建。投入产出表描述了各经济部门在某个时期的投入产出情况，它的行表示某部门的产出；列表示某部门的投入。投入产出表按表式结构可以分为对称型和 U–V 型，按资料范围可以分为全国表、地区表和企业表。投入产出表是反映国民经济各部门产品在一定时期内生产投入来源和去向的一种矩阵式表格，通常由三个象限组成，第一象限反映的是各个经济部门间的生产技术联系；第二象限是对第一象限的一种延伸，其中元素用 Y_n 来表示，称为最终使用象限或最终需求象限，最终使用反映了在一定时期内产业部门生产产品最终消费的所有支出；第三象限体现的是一些产业部门的投入总额与中间投入相差的值，在国民经济系统中这一增加值的和体现的就是国内生产总值，主要包括劳动力报酬、生产净税额和营业盈余，通常用 V_n、T_n 和 M_n 来表示。这三个象限彼此相关，由总体到部分多层次反映实物产品从生产、流通到使用的全过程中各部门间的相互联系。一方面它能告诉人们国民经济各部门的产出情况，以及这些部门的产出是怎样分配给其他部门用于生产或怎样分配给居民和社会用于最终消费或出口到国外；另一方面它还能告诉人们，各部门为了自身的生产又是怎样从其他部门取得中间投入产品及其最初投入的状况。

　　投入产出模型是依据投入产出表建立的线性代数方程体系，它由投入产出表和根据投入产出表平衡关系建立起来的数学方程组两部分构成。投入产出模型有很多种，按计量方法可以分为实物模型和价值模型等；按范围可以分为全国模型、企业模型和部门模型等。投入产出模型可用以分析一个国家或地区的各生产部门间投入和产出的数量价值关联性（见表 4–1）。

表 4–1　投入产出表基本形式

投入 ＼ 产出		中间使用					最终产品				总产出
		部门 1	部门 2	部门 3	⋯	部门 n	消费	积累	净出口	最终使用合计	X_i
中间投入	部门 1	X_{11}	X_{12}	X_{13}	⋯	X_{1n}	C_1	I_1	E_1	Y_1	X_1
	部门 2	X_{21}	X_{22}	X_{23}	⋯	X_{2n}	C_2	I_2	E_2	Y_2	X_2
	部门 3	X_{31}	X_{32}	X_{33}	⋯	X_{3n}	C_3	I_3	E_3	Y_3	X_3
	⋯	⋯	⋯	⋯	⋯	⋯	⋯	⋯	⋯	⋯	⋯
	部门 n	X_{n1}	X_{n2}	X_{n3}	⋯	X_{nn}	C_n	I_n	E_n	Y_n	X_n
最初投入	劳动力报酬	V_1	V_2	V_3	⋯	V_n					
	生产净税额	T_1	T_2	T_3	⋯	T_n					
	营业盈余	S_1	S_2	S_3	⋯	S_n					
总投入	X_j										

　　注：X_{12} 表示部门 2 对部门 1 产品的中间使用，其他以此类推；

　　　　C_1 表示部门 1 产品中用于消费的数值，其他以此类推；

　　　　I_1 表示部门 1 产品中用于积累的数值，其他以此类推；

　　　　E_1 表示部门 1 产品中净出口的数值，其他以此类推。

从表4-1可以得到投入产出表的横向平衡关系式和纵向平衡关系式。横向平衡式体现的是投入产出表中第一象限与第二象限之间的联系，表现出一种均衡关系。在横向其平衡关系式为：总产出＝中间使用+最终产品。其中总产出是指常住单位（在我国具有经济利益中心的经济单位）在一定时期内生产的所有货物和服务的价值；中间使用指的是常住单位在本期生产活动中所消耗和使用的非固定资产货物和服务的价值；最终产品是指已退出或暂时退出本期生产活动而为最终需求所提供的货物和服务。用数学公式可表示为：

$$X_i = \sum_{j=1}^{n} X_{ij} + Y_i \quad (i = 1, 2, 3, \cdots, n) \tag{4-1}$$

纵向平衡式体现的是投入产出表中第一象限和第三象限相互联系，表现出平衡的关系。在纵向其平衡关系式为：总投入＝中间投入+最初投入。其中总投入是指一定时期内我国常住单位进行生产活动所投入的总费用；中间投入是指常住单位在生产或提供货物与服务过程中，消耗和使用的所有非固定资产货物和服务的价值。用数学公式可表示为：

$$X_j = \sum_{i=1}^{n} X_{ij} + V_j \quad (j = 1, 2, 3, \cdots, n) \tag{4-2}$$

式中，V_j 为最初投入。

投入产出模型分析中涉及一个重要概念：投入产出系数。投入产出系数可以反映各部门间的产业关联性，其中包括直接消耗系数、完全消耗系数、直接分配系数和完全分配系数。直接消耗系数也称投入系数，是指在生产经营过程中某个产品部门的单位总产出直接消耗的另一个产品部门货物或服务的价值量。将各产品部门的直接消耗系数用表的形式表现就是直接消耗系数表或直接消耗系数矩阵。完全消耗系数是指某个产品部门每提供一个单位最终使用时对另一产品部门货物或服务的直接消耗和间接消耗之和。直接消耗系数和完全消耗系数代表的是某一产业对向其提供中间生产要素的产业的影响，它测量的是产业融合后的关联程度，将其记为 α_{ij}，表示产业部门 j 在其生产活动中每生产一个单位总产值对产业部门 i 产值消耗的数量。直接消耗系数代表任意两个部门直接的相互关系，直接消耗系数越大说明某一产业对向其提供生产要素的产业的直接需求越大，两个产业部门间的直接关联越紧密。具体计算公式如下：

$$\alpha_{ij} = x_{ij}/X \quad (i, j = 1, 2, 3, \cdots, n) \tag{4-3}$$

式中，α_{ij} 为直接消耗系数；X_j 为部门 j 的总投入；x_{ij} 为 j 部门生产经营中所直接耗的第 i 产品部门的产品或服务的数量。

部门之间不仅存在着直接联系，还通过其他部门建立有间接联系。如书本在印刷的过程中，需要消耗电力，而书本中的纸张在被制造的过程中也要消耗电力，以此类推将书本生产过程中对电力的所有直接消耗和间接消耗进行加总，就可以得到书本生产对电力的完全消耗系数。对其进行数学推导，其最终形式为：

$$B = (I-A)^{-1} - I \qquad\qquad (4-4)$$

式中，B 为完全消耗系数矩阵；A 为直接消耗系数矩阵；I 为单位矩阵。

鉴于装备制造业与生产性服务业间的依存关系和数据可得性，本书选择投入产出法对两产业进行融合测度。在投入产出表中该方法将制造业所投入的为了满足各个产业中间需求的部门划分为生产性服务，虽然各个不同的部门所提供生产服务的产出比例有所不同，但是不论比例高低这部分都会被计入生产性服务所统计的范围内，因而用投入产出法还是非常准确的。本章使用投入产出技术，并使用我国最新投入产出表，对我国装备制造业与生产性服务业的产业关联情况进行测度。

4.2.2　投入产出技术的前提假设

首先，投入产出分析法是对某种系统的分析，系统是不同经济部门之间相互作用而形成的一个整体，它能够适应环境的变化，系统的各个部门间也存在相互作用和相互依赖的特点。其次，投入产出表的编制过程中有一些前提假设条件，通过这些假设条件把系统中各部门之间的关系转变成线性代数的关系，使用投入产出技术进行实际问题求解时要注意这些假设条件。投入产出技术的前提假设条件主要包括同质性假定、比例性假定、价格不变假定、直接消耗系数不变假定。本节在投入产出技术基本前提假设条件的基础上，结合本书研究的主要问题，即生产性服务业同装备制造业的产业融合，对这些假设条件做进一步阐述。

（1）同质性假定。同质性假定是将部门生产过程中物质投入和产品产出进行抽象简化，假设一个产业部门对某一类物质的各种消耗为单一产品，同时将生产的各种产品简化为一种产品。同质性假定要求：

1）对于某一个生产部门其只能有一个相同投入结构。

2）某些产品归于某一部门后，在用途上这些产品是可以互相替代的。

3）这种可替代性在不同产业部门的产品间是不具备的。

在投入产出分析中，这种部门往往被称为"纯部门"，这些部门的生产工艺、消耗结构以及经济用途都是相同的。由此可知，该假定的实质就是将价值模型的"纯部门"看作同质产品的集合体。满足该假定的集合体内的产品，其目标是减少产品数量，使模型能涵盖最多数量的产品，进而使投入产出模型能够集中反映产品之间单纯的投入与产出的关系。以装备制造业中的汽车部门为例，汽车生产过程中需要消耗多种类型的钢材，如汽车的保险杠需要加强钢，汽车的发动机需要铸铁，而汽车的车架只要普通的钢材，而且各个厂家在实际的生产过程中，所使用的钢材也是各不相同的，但是为了编制投入产出表，这些投入都被看作是同质的，即都是生产过程中对钢铁的消耗。同样，对汽车部门产出的处理也是一样的。汽车部门的产出种类有很多，有轿车、SUV、SPV、卡车等，我们同样将其进行简化，将汽车部门的产出统一看作为标准汽车。

（2）比例性假定。西方国家还将其称为规模收益不变假定。比例性假定是指部门在生产过程中，其各种物质的投入量同其总产出存在固定比例的关系，因为要保证产出与投入两者之间能成一种线性函数关系，所以假定该部门的管理、技术等影响生产效率的因素始终保持不变。同样以我国的汽车部门为例，我国被大众所熟知的汽车部门主要有上汽汽车、东风汽车、中国第一汽车、北汽汽车以及广汽汽车等，但在实际的汽车生产中，因为各个企业管理制度、技术效率、规模效率以及生产结构都不相同，所以各家汽车生产企业的生产效率是不一样的。通过查阅资料可以知道目前广汽汽车的生产效率最高，上汽汽车的生产效率次之，而很多的民营汽车企业的生产效率同这两家企业之间有着很大的差距。但投入产出表在编制和使用过程中，假定各家企业的汽车生产效率是一定的，即在汽车的生产过程中，汽车企业的投入量同其产出量存在着固定比例关系，在短期内这种比例关系不发生变化。

（3）价格不变假定。该假设最终能使产业部门的投入与产出的呈现出线性变化关系。投入产出表的编制需要花费较多的人力、物力和财力，并且投入产出表的计算技术也是非常的复杂，所以投入产出表的编制周期较长，目前我国的国家和省级的投入产出表都是每五年编制一次。我们知道产品的价格变化十分频繁，特别是在五年或是更长的一段时间内，受商品供求关系、生产者之间的竞争以及国家调控和政治因素等多种因素影响，这期间产品的价格会发生很大的变化。因此在对不同年度的投入产出数据进行对比分析时，需要对其价格进行处理。设定某一年度的投入产出数据为基准年，其他年度的投入产出数据以此为基础，进行价格调整，只有这样才能保证各年度的投入产出数据具有可比性。

当然为了避免各年度数据进行比较时的不可比性，也可以使用实物型的投入产出表。实物型投入产出表不再使用货币量进行表示，而是以实际物品的消耗和生产量为编制依据，如使用一吨钢材、生产一辆汽车等。实物型投入产出表因为是用实物来进行计量的，反映的经济关系较为明确，能避免产品价格不统一带来的影响。但实物型投入产出表编制十分困难，而且不能清楚地体现出各个产业生产过程中的总消耗，很多产品用实物并不能恰当准确的计量，另外各部门产品种类多样，实物型投入产出表只能对主要产品的生产分配进行分析，还有很多产品并不能包含进去。我国是世界上少数编制过实物型投入产出表的国家，由于编制困难，目前已经不再编制实物型投入产出表。

（4）直接消耗系数不变假定。直接消耗系数不变假定是指在一定时期内各产业部门在生产过程中对其他部门的消耗系数保持不变。一方面，直接消耗系数是不随时间变化而变化的，也就是在某个期间内各部门的生产水平是不发生变化的；另一方面，同一部门的企业其直接消耗系数是一样的，这也是假定各部门的管理和技术水平不发生变化。在投入产出模型中，直接消耗系数是国民经济各个部门之间生产技术相互联系的一个桥梁，因此对直接消耗系数不变进行假定也是建立模型的基础。直接消耗系数越精准，投入产出模型对整个经济系统的分析也就越准确。但在实际经济体系中，科技的发展和价格变动等因素总会导致直接消耗系数发生变化，而为了使该模型更有使用价值，在计算分析过程中还需寻找更好的修正方法使其更加精确。以生产性服务业中的交通运输部门为例，交通运输部门的运营需要交通运输设备部门的投入，在实际社会运输过程中，各家物流、运输公司所需交通运输设备的量是不一致的，同时也是不断变化的。但为了编制投入产出表，假定交通运输部门对交通运输设备部门的直接消耗系数不发生变化。

以上四个前提假设条件，是投入产出表编制和实际应用于分析的基础，在这些假定下，经济系统最终会被形成一个线性模型对其具体描述，在本章对我国装备制造业和生产性服务业融合水平的分析中，同样也遵循这些假设条件。

本书的研究对象为我国的装备制造业和生产性服务业，在投入产出表的编制过程中，这两个产业同样也遵循同质性、比例性、价格不变性、直接消耗系数不变的假定。因此本书选择使用投入产出的方法，基于投入产出数据来分析我国装备制造业同生产性服务业的融合水平是满足这些前提假设条件的，所得结论也是有效的。

4.2.3　指标说明

目前，很多专家学者基于投入产出数据来测度产业之间的融合情况。赵新华（2013）使用直接消耗系数和完全消耗系数来反映产业之间的融合情况。吉亚辉、程斌（2014）基于投入产出表数据实证分析了生产性服务业和先进制造业的互动与融合。王亚薇（2015）使用直接消耗系数来测度河北省旅游产业与体育产业的融合发展情况。张健、李沛等人（2015）使用完全消耗系数来评价京津地区现代服务业协同创新融合度。冯广宜、郑耀群（2017）使用直接消耗系数和完全消耗系数来反映陕西省生产性服务业与制造业互动程度。李朋林、唐珺（2018）通过建立投入产出模型计算直接消耗系数分析了陕西煤炭产业关联性。综上所述，基于投入产出数据的各产业直接消耗系数和完全消耗系数能够直接或间接地反映两个产业的融合水平，因此本章选择以上三个指标来测度我国装备制造业与生产性服务业的融合水平。

4.2.3.1　直接消耗系数

直接消耗系数是两个部门间直接存在的投入产出关系的数量表现，是一个部门生产一单位产品对其他某部门产品的直接消耗占比，反映的是部门与部门之间的直接关联性，直接消耗系数不是稳定不变的，会受各种因素的影响而发生变化。影响直接消耗系数大小的因素主要有行业的技术水平、行业的管理能力、部门内部的产业结构、价格的相对变动、供给和需求的共同作用等方面。

（1）行业的技术水平。行业的技术水平对直接消耗系数有着重要的影响。技术通常是一个行业发展的核心，行业的技术水平的高低更能体现出该行业的竞争力。另外，技术能力的高低也决定着行业的投入，通常在行业发展的初期，技术能力较差，而开发新产品往往又需要投入大量的材料以及人力，因此对投入要素的消耗量较高，但随着技术创新投入的不断增加，技术水平的持续提升，在投入方面不论是材料的投入还是人力和财力的投入都会减少许多，产业对投入要素的消耗量会逐渐下降。以我国装备制造业中汽车行业为例，汽车行业在发展之初，为了确保汽车行驶安全，在车身结构中添加了大量的钢材，造成整车的总量很重，但随着汽车企业技术水平的不断提升，汽车企业对钢材的消耗量大幅度下降，有效降低汽车企业的生产成本，同时车身的结构更加牢固，行驶更加安全。再以装备制造业中的切割机床为例，在初始研发这类机床时，因为技术水平有限，不仅需要大量投入，而且生产出来的切割机床也会因为技术不成熟使得切割不精确，从而在进行产品切割生产时会消耗大量的原材料，而随着技术引进或者深入研发，技术水平逐渐提高，生产中的额外消耗逐渐减少。

在生产性服务业同装备制造业产业融合的过程中，生产性服务业能够为装备制造业提供技术支持，装备制造业对生产性服务业的消耗，能够极大地提升其自身的技术能力，进而提高其产品附加值，同时也能降低其对其他生产资料的消耗。以生产性服务业中的信息服务业与装备制造业中的电子设备制造业为例，电子设备的生产往往需要投入大量的高科技生产技术，而计算机和通信网络可以对高科技生产技术提供支持，使其在生产能力上有所提升，从而提高电子设备的产量和质量。因此提高生产性服务业在装备制造业投入中的比例，将会对我国装备制造业的发展有十分明显的促进作用。

（2）行业的管理能力。行业的管理能力对直接消耗系数同样有着重要的影响。一个行业的管理能力是不断发展变化的，其通常会随着企业经营时间的增长、技术的发展和行业的不断变革而不断提高。企业的管理能力提升，企业的生产效率就会随之提升。以我国装备制造业中的机床行业为例，我国机床行业起初管理水平较低，没有完善的管理机制，并且生产模式并不科学，因此机床的生产效率较低，机床的质量和竞争力都很差，但随着我国机床行业普遍引进六西格玛质量管理体系，并建立健全完善的管理制度，机床行业的管理能力也因此有了质的飞越，整个行业的生产效率和产品的竞争力有了明显的提升。

（3）部门内部的产业结构。部门内部产业结构的调整也会对直接消耗系数产生重要的影响。首先，投入产出分析法中的总产出可以反映部门的产业结构，而一个部门的生产规模和技术水平等可以反映该产业部门的总产出，各部门总产出之间的比例与产业结构是相互对应的，在这些比例变动过程中，产业结构也在发生变化，因此各部门总产出的变化是可以从产业结构的变化中体现出来的。如前所述，行业的技术水平对直接消耗系数有着重要的影响，因此，部门内的产业结构变化也会引起直接消耗系数的变化。在产业发展的初期，一个部门内部低端产品的比重会占据绝对多数，而高端产品的比重相对会很小。但随着部门内部产业结构的不断优化和升级，高端产品的比重会逐渐上升。在这一过程中，部门对各种投入要素的直接消耗系数也会发生变化，会逐渐增加对高附加值投入要素的消耗，而降低对能源和其他原材料的消耗。以我国装备制造业中的机床行业为例，随着我国机床行业逐渐从传统机床向数控机床转变，机床行业对钢材、能源的消耗量在逐年下降，但对电子信息行业、计算机行业的消耗量在逐年上升。

（4）价格的相对变动。价格的相对变动，会影响一个产业部门不同投入要素的消耗比例。一个产业部门在生产过程中会消耗多种要素，其中一些要素是不可替代的，而另一些要素是可以替换的。当各种可以替代的投入要素价格发生变化时，产业部门会逐渐降低价格上升的投入要素的消耗量，同时逐渐增加价格下降的投入要素的消耗量。以我国装备制造业中的专用设备行业为例，专用设备行业在生产过程中，会消耗大量的能源，假定专用设备行业主要依靠煤炭来提供动力，但当煤炭价格逐渐上升后，专用设备行业会逐渐降低对煤炭的消耗，而增加相对价格下降的天然气的使用量。

（5）供给和需求的共同作用。一个部门的供给和需求能够对直接消耗系数产生重要的影响。一般来说，价格是由市场价值或者生产价格决定的，价格又决定供给和需求，反过来说同样也合理，也就是说供应与需求也会对价格产生影响，并会通过调节不同生产条件下的生产，对部门的消耗产生一定的影响。根据经济学的基本规律，当一个部门的供给大于需求时，就会出现供大于求的现象，这时产品的价格会逐渐降低，同时其他部门对这一部门的消耗会增加。同理，当一个部门的供给小于需求时，就会出现供不应求的现象，这时产品的价格就会逐渐上升，其他部门对这一部门的消耗也会降低。以我国装备制造业中的机床行业为例，当某种消耗品出现供不应求的现象，其价格就会上升，对其的消耗也就相应会有所降低。如机床中 CRT 显示器的价格快速上升时，就会导致企业寻求其他能够替代 CRT 显示器的产品，因而对 CRT 显示器的消耗就会有所下降，对替代品的消耗就会随之上升。

4.2.3.2　完全消耗系数

完全消耗系数考察各部门的消耗量的角度和直接消耗系数不同，它是从最终产品的角度来看的，表明某个部门生产一单位的最终产品，需要消耗其他部门产品的数量。我们都知道部门之间不仅存在着直接的联系，而且还通过其他部门建立了间接联系。j 部门若要生产出一定量的最终产品，不仅仅是只消耗 i 部门的产品，还要耗用其他部门的产品，同时所有的部门为了满足 j 部门的需求，又要对 i 部门的产品进行直接和间接的消耗，这就是 j 部门和 i 部门之间的间接消耗。而 j 部门对 i 部门的完全消耗便是由 j 部门对 i 部门的直接与间接消耗组成的，j 部门的最终产品要增加一个单位时，除了考虑 i 部门按直接消耗系数增加一定的产品量外，还需要计算 i 部门为 j 部门间接增加的产品量，也就是需要计算完全消耗系数进而确定 i 部门的产品量到底需要增加多少。如我国装备制造业中的汽车制造行业部门，在生产过程中车架、保险杠等部件需要消耗钢材，同时汽车的主要部件在生产过程中也需要消耗一定的钢材，因此在计算汽车整个生产过程中钢材的消耗量时，需要将各个生产流程中钢材消耗的量进行加总。

另外，因为直接消耗系数只能反映各部门间的直接消耗，而不能反映各部门的间接消耗，所以在进行投入产出分析时为了获得更准确的结果需采用完全消耗系数进一步分析，而且完全消耗系数不仅反映各部门之间的直接联系，而且也反映各部门之间的间接联系。又因为完全消耗系数是某部门生产一个产品的价值时直接和间接消耗的另一部门的价值的总和，所以完全消耗系数可以更敏感更直观地反映出产业间的依赖关系。完全消耗系数越大，表示对该产业的完全依赖性就越大。完全消耗系数在投入产出分析中起着至关重要的作用，它不仅能反映某个部门生产与本部门和另外部门之间的经济联系，而且比直接消耗系数能更本质地反映部门间的技术联系。

因此使用完全消耗系数来反映我国装备制造业同生产性服务业之间产业融合的水平，能够更加全面、系统地反映两个产业之间的实际融合情况。各部门的完全消耗系数变动同样受行业的技术水平与管理能力、部门内部的产业结构、价格的相对变动、供给和需求的共同作用等方面的影响。但由于完全消耗系数可由直接消耗系数计算得到，并且这些因素对完全消耗系数的影响与对直接消耗系数的影响是一致的，因此在本节就不对这些影响因素进行详细阐述了。

4.2.4 数据来源与分类

本书使用的是《2017 年中国投入产出延长表》。目前我国每五年编制一次投入产出表，并在每一个编制周期内编制一份延长表，目前在公开渠道能够获得的最新投入产出数据即为 2017 年投入产出表，该数据在 2019 年向社会公开。虽然投入产出表的编制周期较长，但很多专家学者指出各部门之间产业关联情况的变动同样较为缓慢，因此使用 2017 年的投入产出数据，计算装备制造业与生产性服务业的直接消耗系数与完全消耗系数，能够反映目前我国装备制造业同生产性服务业的产业融合现状。

该表的部门分类执行标准是 GB/T 4754-2017，共划分为 97 个部门。本书主要研究生产性服务业与装备制造业，因此分别选取 7 个生产性服务业和 7 个装备制造业部门。其中装备制造业部门为 M1 金属制品业，M2 通用设备制造业，M3 专用设备制造业，M4 交通运输设备，M5 电气机械及器材制造业，M6 通信及计算机制造业，M7 仪器仪表制造业。生产性服务业同样选择了 7 个部门，分别是 S1 批发和零售业，S2 交通运输及仓储业，S3 信息传输、计算机服务和软件业，S4 金融业，S5 租赁和商务服务业，S6 研究与试验发展业，S7 综合技术服务业。

4.3　装备制造业同生产性服务业的直接消耗分析

4.3.1　产业融合的直接消耗结果

产业间的直接消耗系数反映两个产业之间的直接联系，能体现产业结构的基本特征，是计算与分析完全消耗系数的基础，并能清楚地反映部门之间相互依存和互相制约的强弱，对于投入产出模型的构造也可以提供重要的经济参数。直接消耗系数是否变动很大程度上取决于当时的技术水平，一般来说生产技术水平的发展都是比较稳定的，即在一定时间内不会发生太大的变化，因此直接消耗系数相对来说也是较为稳定的。通过对两个产业的直接消耗系数进行计算，能够直观地获得两个产业的融合程度。

直接消耗系数越大，说明一个产业对另一产业的直接依赖性越强；直接消耗系数越小，说明一个产业对另一产业的直接依赖性越弱；直接消耗系数等于零，说明一个产业对另一产业没有直接的依赖性。所有部门的直接消耗系数可以用矩阵的形式来综合体现，即直接消耗系数矩阵，用字母可以表示为 $A = (\alpha_{ij})_{nxn}$，各产品部门的中间投入率可以通过每生产一单位 j 产品消耗其他产品的总和得到。为此，我们分别计算了我国装备制造业各部门同生产性服务业各部门的直接消耗系数，以及我国生产性服务业各部门同装备制造业各部门的直接消耗系数，得出我国装备制造业与生产性服务业的直接消耗系数矩阵，进而分析两个产业之间的直接融合程度，具体见表 4-2。

表 4-2　我国装备制造业对生产性服务业的直接消耗系数

部门	M1	M2	M3	M4	M5	M6	M7
S1	0.0140	0.0181	0.0141	0.0529	0.0278	0.0374	0.0033
S2	0.0120	0.0125	0.0109	0.0230	0.0173	0.0128	0.0021
S3	0.0009	0.0019	0.0010	0.0016	0.0019	0.0159	0.0004
S4	0.0073	0.0059	0.0062	0.0064	0.0072	0.0141	0.0012
S5	0.0051	0.0073	0.0075	0.0162	0.0090	0.0136	0.0010
S6	0.0002	0.0002	0.0001	0.0002	0.0003	0.0003	0.0001
S7	0.0052	0.0069	0.0075	0.0164	0.0091	0.0132	0.0011

部门	M51	M52	M53	M54	M5	M61	M62
S1	0.0186	0.0275	0.0347	0.0201	0.0247	0.0221	0.0104
S2	0.0002	0.0006	0.0017	0.0002	0.0007	0.0002	0.0005
S3	0.0012	0.0024	0.0049	0.0043	0.0029	0.0022	0.0189
S4	0.0218	0.0221	0.0379	0.0207	0.0256	0.0482	0.0310
S5	0.0109	0.0112	0.0105	0.0127	0.0111	0.0048	0.0447
S6	0.0074	0.0170	0.0508	0.0182	0.0219	0.0288	0.0083
S7	0.0016	0.0058	0.0048	0.0026	0.0035	0.0172	0.0030
S8	0.0031	0.0061	0.0062	0.0057	0.0049	0.0022	0.0026
部门	M63	M64	M65	M6	M7	M8	
S1	0.0190	0.0250	0.0169	0.0174	0.0259	0.0144	
S2	0.0002	0.0003	0.0014	0.0003	0.0015	0.0001	
S3	0.0047	0.0074	0.0033	0.0087	0.0047	0.0016	
S4	0.0252	0.0377	0.0227	0.0328	0.0224	0.0233	
S5	0.0187	0.0403	0.0980	0.0282	0.0093	0.0040	
S6	0.0033	0.0145	0.0060	0.0113	0.0166	0.0031	
S7	0.0052	0.0004	0.0043	0.0067	0.0063	0.0015	
S8	0.0075	0.0051	0.0120	0.0048	0.0064	0.0042	

表 4-2 列出了我国装备制造业对生产性服务业的直接消耗系数。装备制造业各部门对生产性服务业的直接消耗系数是通过装备制造业各部门在生产过程中所耗用的生产性服务业的产品价值量占装备制造业各部门总投入的比值计算出来的。该系数反映的是生产性服务业对装备制造业各部门的渗透作用。从表 4-2 可以看出多数产业部门之间的直接消耗系数在 0.01 以上。但不同产业之间的直接消耗系数存在着较大的差异，其中部分产业部门之间的直接消耗系数超过了 0.03，家用电力和非电力器具制造业对租赁和商务服务业、通信设备及雷达制造业对批发和零售业、电子计算机制造业和其他电子设备制造对金融业的直接消耗系数都达到了 0.04 以上，其中其他电子设备制造对金融业的直接消耗系数甚至达到了 0.098，说明这些产业之间的融合程度较高。从表 4-2 还可以看出，装备制造业整体上对 S1 交通运输和仓储业以及 S4 批发和零售业的需求是最高的，其次是对 S5 金融业的需求，对 S6 租赁和商务服务业的需求量位于第三位。

在分析装备制造业对生产性服务业的直接消耗系数之后，为了能更准确地了解两个行业不同产业的融合度，我们再进一步对我国生产性服务业对装备制造业的直接消耗系数进行分析，具体的计算结果见表 4-3。

生产性服务业各部门对装备制造业的直接消耗系数是通过生产性服务业各部门在生产过程中所耗用的装备制造业的产品价值量占生产性服务业各部门总投入的比值计算出来的。该系数反映的是装备制造业对生产性服务业各部门的渗透作用。从表 4-3 可以看出多数产业部门之间的直接消耗系数在 0.01 以下，表明生产性服务业对装备制造业的直接消耗水平较低，融合程度也相对较低。从表 4-3 还能看出甚至有一部分产业部门之间的直接消耗系数为零，说明这些产业间没有直接的依赖性。不同产业之间的直接消耗系数存在着较大的差异，说明两个行业不同产业部门间的融合度参差不齐，其中部分产业部门之间的直接消耗系数超过了 0.05，说明这些产业之间的融合程度较高。

表 4-3   我国生产性服务业对装备制造业的直接消耗系数

部门	S1	S2	S3	S4	S5	S6	S7
M1	0.0002	0.0015	0.0003	0.0001	0.0170	0.0028	0.0077
M2	0.0002	0.0066	0.0003	0.0008	0.0002	0.0001	0.0003
M3	0.0000	0.0012	0.0001	0.0018	0.0003	0.0000	0.0001
M4	0.0001	0.0710	0.0002	0.0004	0.0254	0.0003	0.0022
M5	0.0085	0.0032	0.0068	0.0001	0.0103	0.0041	0.0066
M6	0.0053	0.0040	0.0308	0.0016	0.0161	0.0043	0.0173
M7	0.0000	0.0001	0.0007	0.0000	0.0001	0.0053	0.0140

4.3.2 产业融合的直接消耗结果分析

（1）装备制造业整体对生产性服务业的直接需求分析。

根据对表 4-2 和表 4-3 的数据统计，我国装备制造业整体对生产性服务业的直接消耗系数平均为 0.0092，生产性服务业对装备制造业的直接消耗系数平均为 0.0075。这表明我国装备制造业各部门对生产性服务业各部门的产业关联水平不高，产业融合水平较低。造成这种现象的原因同我国制造业发展过程有很大关系。我国制造业在起步阶段，大力吸引外资，购买国外技术，同时因为国内市场供不应求，所以产品的销售渠道畅通，对生产性服务业的需求较小，产业关联度和融合度较低。但是其中部分装备制造业部门对生产性服务业部门的直接消耗系数大于 0.01，说明随着国内市场逐渐饱和，某些制造业部门也因为自身发展需要，逐步同生产性服务业进行融合。

（2）装备制造业各部门对生产性服务业的直接需求分析。

装备制造业各部门同生产性服务业之间的关联情况存在着较大的差异。其中装备制造业各部门对 S1 批发零售业和 S2 交通运输及仓储业的邮政业的直接消耗系数（平均）分别为 0.0239 和 0.0129，远高于其他生产性服务业部门。产品的运输和仓储一直是企业生产管理中的重要环节，无论是企业内部的生产物流还是销售环节的外部物流，都对运输和仓储的生产性服务具有极强的依赖性，因此两者之间出现较高的融合度在情理之中。此外，随着国内装备制造企业增多，市场逐渐趋向饱和，产品的营销策略逐步成为装备制造企业的另一个生产性服务需求，因此批发与零售业提供的营销服务逐步成为两产业融合的关键。

个别装备制造业部门对个别生产性服务业部门也有很高的关联性，例如 M4 交通运输设备与 S1 批发零售业的直接消耗系数达到 0.0529。这是因为很多交通运输设备都需要通过批发零售的形式进入消费者手中，对批发零售业的直消耗系数较高。此外，M6 通信及计算机制造业对 S5 租赁和商服业的直接消耗系数也高达 0.0136，这同很多大型企业租用通信及计算制造设备有关。

我国的装备制造业对信息传输与计算机服务和软件业、研究与试验发展业、综合技术服务业直接消耗量普遍较小。各部门基本均在 0.01 以下，对高端服务业的依赖程度较低，这可能也是我国的装备制造业高投入、高能耗、低附加值的重要原因。而我国装备制造业对于金融业的直接消耗系数基本维持在 0.01 的水平，装备制造业各部门之间的差距不大。而从国外的先进经验看，装备制造业的转型和升级离不开先进生产性服务业的支持，我国装备制造业对传统生产性服务业的直接消耗量较高，产业关联度高，对先进生产性服务业的直接消耗率较低，产业关联度低，这是我国装备制造业发展缓慢、升级困难的主要原因。因此，应当加强装备制造业同先进生产性服务业之间的联系。另外，不论是装备制造业还是生产性服务业为了能更好的发展都要不断进行技术创新才行，因此技术创新对两个行业的发展以及提高二者的融合度来说是很重要的一个因素。在某种程度上，技术创新能力决定了两个行业间知识和技术发展的可能性。较高的技术创新能力对提升产业的技术存量有一定的帮助，而技术存量又恰恰是技术发展的基础。较高的技术创新能力还可以使技术和知识在两个行业间更好地推广，进而更好地促进产业融合发展。

（3）生产性服务业整体对装备制造业的直接需求分析。

我国生产性服务业对装备制造业的直接消耗系数普遍较小，基本都在 0.01 以下，只有很少的生产性服务业部门对装备制造业的直接消耗系数在 0.01 以上，这表明生产性服务业的发展对装备制造业的消耗相对较少，这可能是由于服务业对资源的消耗少、附加值高的特殊性质所导致的。但越是这样，就更应该促进生产性服务业与装备制造业的产业联动，以防止生产性服务业与装备制造业出现一个上升一个下降的发展趋势。

（4）生产性服务业各部门对装备制造业的直接需求分析。

从表 4-2 可知，与装备制造业对生产性服务业的直接消耗系数不同，没有一个生产性服务业部门对所有的装备制造业都具有较强的直接需求。但其中，还是有部分数据值得关注。例如，S3 信息传输与计算机服务和软件业和 S6 租赁和商务服务业对 M5 电气机械及器材制造业和 M6 通信及计算机制造业的直接消耗系数较大。这表明依赖于信息、网络等技术的现代化生产性服务业对通信、电气、计算机等装备制造业的直接需求较大，装备制造业技术的提高也促进了现代化生产性服务业的发展。交通运输及仓储业和邮政业对交通运输制造的直接消耗系数较大，达到了 0.071，这是因为这些部门进行服务的主要工具就是交通运输设备。S6 研究与试验发展业对 M5 电气机械及器材制造业和 M7 仪器仪表制造业的直接消耗系数也颇高，原因在于研究与试验发展产业对各类测试仪器仪表和测试设备直接需求量较大。随着我国技术创新发展的不断深入，技术标准的不断完善，今后研究与试验发展产业、电气机械及器材制造业和仪器仪表制造业将会呈上升趋势。此外，从表 4-2 还可以看出，S1 交通运输及仓储业、S2 邮政业对 M4 交通运输设备的直接消耗系数分别达到了 0.0704 和 0.0800，这是因为这两个生产性服务业必须依靠交通运输设备完成服务工作，二者之间的相互需求和融合是其自身产业特征所致。

4.4　产业融合的完全消耗分析

4.4.1　产业融合的完全消耗结果

产业间的完全消耗系数反映了两个产业之间的完全联系，因为直接消耗分析只能反映两个产业之间的直接需求，若要展现两个产业间的间接需求，则需要对两个产业的完全消耗系数进行计算，以进一步获得两个产业的完全融合程度。为此，首先计算我国装备制造业各部门对生产性服务业各部门的完全消耗系数，具体见表 4-4。

表 4-4　我国装备制造业对生产性服务业的完全消耗系数

部门	M1	M2	M3	M4	M5	M6	M7
S1	0.0256	0.0324	0.0251	0.0935	0.0524	0.0913	0.0061
S2	0.0272	0.0284	0.0232	0.0617	0.0450	0.0540	0.0048
S3	0.0033	0.0052	0.0035	0.0077	0.0072	0.0368	0.0013
S4	0.0218	0.0196	0.0166	0.0347	0.0302	0.0518	0.0036
S5	0.0149	0.0190	0.0170	0.0465	0.0286	0.0522	0.0032
S6	0.0006	0.0006	0.0005	0.0012	0.0009	0.0013	0.0001
S7	0.0037	0.0054	0.0046	0.0153	0.0063	0.0162	0.0011

表 4-4 列出了我国装备制造业对生产性服务业的完全消耗系数，同直接消耗系数相比，各产业之间的消耗程度有了明显的上升。从表 4-4 可以看出多数产业

部门之间的完全消耗系数在 0.02 以上，表明装备制造业对生产性服务业的完全消耗水平较高。不同产业之间的完全消耗系数存在较大的差异，部分产业部门之间的完全消耗系数甚至超过了 0.1，其中，M4 交通运输设备制造业、M5 电器机械及器材制造业和 M6 通信及计算机制造业对 S1 交通运输及仓储业的完全消耗系数甚至达到了 0.4 以上，M6 通信及计算机制造业对 S4 批发和零售业以及 S5 金融业的完全消耗系数分别达到了 0.4678 和 0.5266，表明这些产业之间有着较高的融合程度。

在分析装备制造业对生产性服务业的完全消耗系数之后，为了能更好地研究两者之间的融合性，我们再进一步对我国生产性服务业对装备制造业的完全消耗系数进行分析，具体计算结果见表 4-5。

表 4-5 我国生产性服务业对装备制造业的完全消耗系数

部门	S1	S2	S3	S4	S5	S6	S7
M1	0.0041	0.0066	0.0028	0.0033	0.0224	0.0039	0.0105
M2	0.0024	0.0141	0.0017	0.0022	0.0043	0.0009	0.0020
M3	0.0011	0.0034	0.0017	0.0027	0.0024	0.0005	0.0014
M4	0.0128	0.1091	0.0036	0.0070	0.0433	0.0018	0.0065
M5	0.0135	0.0111	0.0128	0.0034	0.0172	0.0056	0.0107
M6	0.0171	0.0172	0.0647	0.0097	0.0371	0.0095	0.0362
M7	0.0007	0.0015	0.0014	0.0004	0.0010	0.0056	0.0153

表 4-5 列出了我国生产性服务业对装备制造业的完全消耗系数，同直接消耗系数相比，各产业之间的消耗程度有了明显的上升，但增加的幅度不如装备制造业对生产性服务业的完全消耗系数，表明装备制造业的发展更加依存于生产性服务业。不同产业之间的完全消耗系数存在较大的差异，部分产业部门之间的完全消耗系数不足 0.001。从表 4-5 可以看出，多数生产性服务业的细分行业对 M41 铁路运输设备制造业与 M65 其他电子设备制造业的完全消耗系数不足 0.001，说明这些产业之间的融合度不高。产业部门之间完全消耗系数超过 0.1 的也比较少。

4.4.2 产业融合的完全消耗结果分析

（1）装备制造业整体对生产性服务业的完全消耗分析。

产业之间不仅存在直接联系，同时也通过其他产业建立间接联系。完全消耗分析考察各部门的消耗量的角度和直接消耗分析不同，它是从最终产品的角度来看的，表明某个部门生产一单位的最终产品，需要消耗其他部门产品的数量。因此在直接消耗系数分析的基础上，我们再进一步分析两大产业之间的完全消耗系数。根据对表4-4和表4-5的数据统计，我国装备制造业整体对生产性服务业的完全消耗系数平均为0.0215，生产性服务业对装备制造业的完全消耗系数平均为0.0116。虽然同直接消耗系数相比，数值有一定提升，但我国装备制造业各部门对生产性服务业各部门的产业关联水平不高，产业融合水平较低。造成这种现象的原因同我国制造业发展过程有很大关系。我国制造业在起步阶段，大力吸引外资，购买国外技术，同时因为国内市场供不应求，所以产品的销售渠道畅通，对生产性服务业的需求较小，产业关联度和融合度较低。但是其中部分装备制造业部门对生产性服务业部门的完全消耗系数大于0.1，说明随着我国装备制造业的快速发展，部分装备制造业部门对生产性服务业有了更高的要求，装备制造业逐步同生产性服务业进行融合，融合的程度不断上升，但整体仍然有着很大的提升空间。

（2）装备制造业各部门对生产性服务业的完全消耗分析。

装备制造业各部门同生产性服务业之间的完全消耗系数同样存在着较大的差异。其中，装备制造业各部门对S1批发和零售业、S2交通运输及仓储业和邮政业的完全消耗系数（平均）分别为0.0466和0.0349，远高于其他生产性服务业部门。产品的运输和仓储一直是企业生产管理中的重要环节，无论是企业内部的生产物流还是销售环节的外部物流，都对运输和仓储的生产性服务具有极强的依赖性，因此两者之间出现较高的融合度在情理之中。此外，随着国内装备制造企业增多，市场逐渐趋向饱和，产品的营销策略逐步成为装备制造企业的另一个生产性服务需求，因此批发与零售业提供的营销服务逐步成为两者产业融合的关键。

个别装备制造业部门对个别生产性服务业部门也有很高的关联性。例如，M4交通运输设备业对S1批发和零售业的完全消耗系数达到0.0935，这是因为近年来我国交通运输设备业发展迅猛，特别是轨道交通，每年有许多城市建设地铁项目，除了一般销售以外，交通运输设备也有很大一部分以租赁方式进行，尤其是在城市基础交通设施中，租赁的程度也很高。此外，M6通信及计算机制造业对S4金融业的完全消耗系数高达0.0518，M65其他电子设备制造业对S5金融业的完全消耗系数为0.1601，这同电子设备在电子商务平台上的高销售比例，以及电子设备软件系统同在线支付平台的融合都有极大的关系。

我国装备制造业的信息传输与计算机服务和软件业、研究与试验发展业、综合技术服务业完全消耗量普遍较小。各部门基本均在0.01以下，而这些部门几乎都属于高端服务业，这表明目前我国装备制造业对高端服务业的依赖程度较低，这可能也是导致我国装备制造业还处于高投入、能耗高、附加值低的重要原因。而我国装备制造业对金融业的完全消耗系数基本维持在0.01的水平，装备制造业各部门之间的差距不大。从国外的先进经验看，装备制造业的转型和升级，离不开先进生产性服务业的支持，我国装备制造业对传统生产性服务业的完全消耗量较高，产业关联度高，对先进生产性服务业的完全消耗率较低，产业关联度低，这是我国装备制造业发展缓慢、升级困难的主要原因。因此，应当加强装备制造业同生产性服务业之间的联系，特别是同高端服务业之间的联系，转变我国装备制造业的发展方式，提升我国装备制造业产品的附加值。

（3）生产性服务业整体对装备制造业的完全消耗分析。

我国生产性服务业对装备制造业的完全消耗系数普遍较小，这一情况同直接消耗系数基本一致，基本都在 0.05 以下，只有很少的生产性服务业部门对装备制造业的完全消耗系数在 0.05 以上，这表明生产性服务业的发展对装备制造业的消耗相对较少，这是因为服务业具有附加值较高，同时对资源消耗较少的特点。因此，应不断优化和调整我国的产业结构，提高我国生产性服务业的比重，加强装备制造业和生产性服务业之间的互动，使两个产业间的融合度有所提升。

（4）生产性服务业各部门对装备制造业的完全消耗分析。

从表 4-5 可知，与装备制造业对生产性服务业的完全消耗系数不同，没有一个生产性服务业部门对全部的装备制造业具有较强的完全需求，甚至大部分生产性服务业部门对多数的装备制造业的完全需求微乎其微。但其中，还是有部分数据值得关注。例如，S3 信息传输、计算机服务和软件业、S6 租赁和商务服务业对 M5 电气机械及器材制造业和 M6 通信及计算机制造业的直接消耗系数较大。这表明依赖于信息、网络等技术的现代化生产性服务业对通信、电气、计算机等装备制造业的直接需求较大，装备制造业技术的提高也促进了现代化生产性服务业的发展。此外，交通运输、邮政业对交通运输设备制造的完全消耗系数较大，分别达到了 0.1091，这是因为这些部门进行服务的主要工具就是交通运输设备。

S6 研究与试验发展业对 M5 电气机械及器材制造业和 M7 仪器仪表制造业的直接消耗系数也颇高，原因在于研究与试验发展产业对各类测试仪器仪表和测试设备直接需求量较大。随着我国技术创新发展的不断深入，技术标准的不断完善，今后研究与试验发展产业与电气机械及器材制造业和仪器仪表制造业将会呈上升趋势。

4.5 本章小结

产业融合是产业互动的高级形式，对于当前国民经济系统来说，产业融合已成为产业发展主要的趋势，产业融合有助于推动新的产业形态和组织模式的形成，也有助于传统产业升级，促使经济增长转向创新驱动方向。本章首先对国内外产业融合相关研究进行梳理，发现以投入与产出之间的数量关系，构建投入产出模型。投入产出模型能更好地反映产业间的联系，并且统计可靠，数据连续且准确，由此可以看出，投入产出法在测度产业融合有着突出的优势。因此本章选择投入产出法对我国装备制造业和生产性服务业的产业融合水平测度，使用我国最新投入产出表，以投入产出表的数据为基础，结合有关模型，使用直接消耗系数和完全消耗系数，对我国装备制造业与生产性服务业的产业关联情况进行研究。

我国装备制造业和生产性服务业的直接消耗系数有待提高。我国装备制造业整体对生产性服务业的直接消耗系数平均为 0.0092，生产性服务业对装备制造业的直接消耗系数平均为 0.0057。这表明我国装备制造业各部门对生产性服务业各部门的产业关联水平不高，产业融合水平较低。我国生产性服务业对装备制造业的直接消耗系数普遍较小，基本都在 0.01 以下，只有很少的生产性服务业部门对装备制造业的直接消耗系数在 0.01 以上，这表明生产性服务业的发展对装备制造业的消耗相对较少，这可能是由服务业对资源的消耗少，附加值高的特殊性质所导致的。

我国装备制造业和生产性服务业的完全消耗系数水平不高。我国装备制造业整体对生产性服务业的完全消耗系数平均为 0.0215，生产性服务业对装备制造业的完全消耗系数平均为 0.0116。虽然同直接消耗系数相比，数值有一定提升，但我国装备制造业各部门对生产性服务业各部门的产业关联水平不高，产业融合水平较低。因此，应当加强装备制造业同生产性服务业之间的联系，特别是同高端服务业之间的联系，转变我国装备制造业的发展方式，提升我国装备制造业产品的附加值。我国生产性服务业对装备制造业的完全消耗系数普遍较小，基本都在 0.05 以下，这表明生产性服务业的发展对装备制造业的消耗相对较少，这也是由服务业的行业特点导致的。另外，通过研究还发现，装备制造业对生产性服务业的直接消耗高于生产性服务业对装备制造业的直接消耗，进而得到结论，装备制造业对生产性服务业的消耗增加，可以提升我国装备制造业的产业层次，装备制造业的产品附加值也因此会有所提高，同时也能降低装备制造业对其他生产资料的消耗，对加快我国装备制造业的发展有很大的意义。

我国装备制造业和生产性服务业的增加值率分别为 0.188 和 0.485。我国装备制造业的整体增加值率在 20% 左右的水平，同欧美发达国家相比还有着很大的提升空间。M7 仪器仪表制造业的增加值率最高，达到 0.235，其他产业的增加值率普遍在 0.2 左右。因此要进一步提高我国装备制造业的增加值率，应当不断提高我国装备制造业同生产性服务业的产业融合强度，进而实现我国装备制造业整体的转型和升级。由于产业的特点，同装备制造业相比，生产性服务业的增加值率普遍较高，我国生产性服务业的平均增加值率为 0.485，几乎达到了 50% 的水平。因此加大我国生产性服务业的产业规模，不仅能提升我国生产性服务业的盈利水平，而且也能进一步提升我国装备制造业同生产性服务业的融合水平。

通过对投入产出表的分析发现，装备制造业对生产服务业投入的需求度更高，反之，生产服务业对装备制造业投入的需求度相对更低一些，从生产性服务业的细分行业来看，S3信息传输与计算机服务和软件业等高技术服务业对装备制造业的需求相对于其他行业对装备制造业的需求要高。这主要是因为产业对技术水平的要求越来越高，而高科技在未来产业发展中的作用会越来越大。根据对投入和产出的分析来看，我国装备制造业和生产性服务业的融合是取得了一定成绩的，两个产业互相推动彼此发展，但两个产业之间融合度的水平还处于一个低端的状态，因此需要更进一步发展装备制造业和生产性服务业，使两个产业能达到深入融合。

5 我国装备制造业与生产性服务业融合效率评价

2015 年印发的《中国制造 2025》，是我国实施制造强国战略第一个十年的行动纲领，提出了"力争用十年时间，迈入制造强国行列"的第一步目标。《中国制造 2025》瞄准新一代信息技术、高端装备等战略重点，提出了十大重点扶持领域。2016 年，国务院出台关于深化制造业与互联网融合发展的指导意见，认为两个产业的融合有利于形成叠加效应、聚合效应、倍增效应，加快新旧发展动能和生产体系转换，协同推进"中国制造 2025"和"互联网+"行动，加快制造强国建设。由此可见，我国装备制造业急需进一步优化和升级，以实现国家战略目标。

工业是国民经济中十分重要的一个物质生产部门，是国民经济的命脉，没有它的存在与发展，就没有国民经济其他部门的进一步发展。工业的现代化程度及其发展规模最终决定着整个国民经济的面貌。装备制造业是工业的重要组成部分，它不仅是经济建设的中流砥柱，更是国防建设的中坚力量，其发展水平是一个国家综合国力的重要体现，其发展规模和经济总量都举足轻重。国家重大装备制造业更是事关国家经济安全、国防安全的战略性产业。尤其是近几年来我国装备制造业的相关产业正在转型，产业的生产要素逐渐从之前的资本要素、人力要素逐渐转变成科技要素，其中最明显的就是高新产业科技创新已经成为主要的生产要素，两化融合是信息化和工业化的高层次的深度结合，其核心是以信息化为支撑，追求可持续化的发展规模。大量实际研究成果表明，装备制造业的发展能进一步推动我国相关产业的发展，并对我国整体国民经济的发展产生重大影响。

生产性服务业是为保持工业生产过程的连续性、促进工业技术进步和产业升级、提高生产效率提供保障服务的服务行业。它是从装备制造业生产环节中独立出来的产业，随着外界环境的变化和产业发展的内在要求，装备制造业对生产性服务业的拉动和生产性服务业对装备制造业的资源推动，使两个产业产生了紧密的联系，这主要表现在制造业的中间投入中服务的投入大量增加。在最近 10 年期间，多数 OECD 国家产品生产中的投入发生了变化：服务的投入增长速度快于实物，与此同时，生产性服务业和某些制造业的界线越来越模糊不清。另外，制造业部门的功能日趋服务化。制造业部门的产品是为了提供某种服务而生产的、随产品一同售出的有知识技术服务，服务引导制造业部门的技术变革和产品创新。装备制造业与生产性服务业的融合具有必然性，当前在世界范围内出现的以信息网络、智能制造、新能源和新材料为代表的新一轮技术创新引领的再工业化浪潮已经证明了这个趋势。

5.1 产业融合效率评价

5.1.1 方法的选择

我国装备制造业与生产性服务业的融合可以从两个维度来进行分析和评价。在上一章是采用投入产出分析方法，从产业融合的水平或深度来评价两者的融合质量，属于融合的内部效应分析；我们还可以从产业融合的效率来考虑我国装备制造业和生产性服务业的融合质量，属于融合的外部效应分析。具体来看，利用投入产出分析方法进行的产业融合评价是从产业结构内部进行的融合水平分析，它主要从装备制造业和生产性服务业的产业构成、部门设置、产品特点等方面进行两者融合的深度与广度的评价，与这两个产业的经济效益和发展前景无关，只与两者之间的产业依赖、产业关联相关。从分析结果上也容易看出，由于某些装备制造业产品的特殊性和某些生产性服务业服务类型的特殊性，两者结合得非常紧密，相反则融合水平就较低。投入产出分析法很好地诠释了两个产业之间的依赖和关联关系，对今后进行产业内部结构调整，或者融合程度分析都提供了有力的数据支持。但是，产业的融合并不单纯是指两个产业的关联关系，更是要强调产业的共生发展，即通过两个产业的融合，促进两个产业协同发展。因此，需要对两个产业融合的效益进行分析，即对两个产业融合的效率进行定量研究，用以深入评价我国装备制造业和生产性服务业的融合质量。产业融合效率考量的是在消耗相同资源的条件下哪些产业生产的经济效益更大，带来的经济影响更大。在理论层面上，基于产业融合研究产业效率可以揭示产业效率提高的根源，可以使产业效率研究方法得到进一步提升；在现实层面上，基于产业融合对产业效率进行研究，可以从实际出发，找到可操作性强的、实用的提高相关产业效率的方法，从而使各产业的产值得到切实提高。分析评价产业融合效率是为了更好地提高效率，使产业融合后产生的经济附加值更大。统计学上用于衡量效率或效能的方法很多，如比例分析法、回归分析法、生产前沿法、多准则决策法、平衡计分法和数据包络分析法等。其中，应用较为广泛的是数据包络分析法（Data Envelopment Analysis，DEA）。该分析法是由美国学者 Charnes 和 Cooper 于 1978 年首先提出的，是运筹学、管理科学和数理经济学交叉研究的一个新领域，它是根据多项投入指标和多项产出指标，利用线性规划的方法，对具有可比性的同类型单位进行相对有效性评价的一种数量分析方法，在当时主要应用于分析和评估有关城市的经济状况等方面。目前其已广泛应用于不同行业及部门，并且在处理多指标投入和多指标产出方面，体现出得天独厚的优势。DEA 方法以相对效率概念为基础，表示为产出对投入的比率，是用于评价具有相同类型的多投入、多产出的决策单元是否技术有效的一种非参数统计方法，通过明确地考虑多种投入（即资源）的运用和多种产出（即服务）的产生，来比较提供相似服务的多个服务单位之间的效率，它避开了计算每项服务的标准成本，因为它可以把多种投入和多种产出转化为效率比率的分子和分母，而不需要转换成相同的货币单位。DEA是一个线形规划模型，通过对一个特定单位的效率和一组提供相同服务的类似单位的绩效进行比较，试图使服务单位的效率最大化，是对单投入、单产出模型的一种推广。在这个过程中，获得 100% 效率的一些单位被称为相对有效率单位，而效率评分低于 100% 的单位被称为无效率单位。这样，企业管理者就能运用DEA 来比较一组服务单位，识别相对无效率单位，衡量无效率的严重性，并通过对无效率和有效率单位的比较，发现降低无效率的方法。投入产出分析法是数据包络分析法的推导基础，数据包络分析法则是对投入产出分析法分析产业融合的一种补充。

　　已有很多文献采用数据包络分析法对产业融合效率进行分析。例如，杨曼璐（2012）根据大连市 2003～2009 年生产性服务业的数据，采用 BCC 模型和 Malmquis 模型，基于数据包络分析法对大连市生产性服务业的效率和全要素生产率进行研究，结果发现大连市生产性服务业的总体规模收益逐步减少，产业发展的路径波幅较大，同时得出结果认为大连市生产服务业的主要发展动力是技术进步，需要不断提高生产性服务业的竞争力，提高经济运行效率，转换经济发展方式，促进技术进步，发挥生产性服务业强大的经济辐射力和拉动效应。翟文秀和吕天颐（2014）为研究如何促进现代服务业发展，以山东省服务业从整体到部分效率为例，运用 DEA 进行实证分析，解答山东省服务业质量水平跟不上产量规模的原因。范碧霞和宋秀芬（2014）以长三角地区 16 个城市第一产业投入产出的统计数据为基础，运用 DEA 建立数学模型，从投入角度分析了第一产业投入产出的总体效率、技术效率和规模效率，针对非 DEA 有效单元进行了投影分析，从投入冗余和产出不足两个角度分析了非 DEA 有效单元存在的问题。杨青峰（2014）根据 2010 年我国高技术产业地区数据，应用 DEA 方法实证测评了高技术产业技术效率，并利用 DEA 技术测算了各个省份高技术产业投入的冗余状况，进而为其减少冗余、提高效率有针对性地提供了有力参考。习芸和刘玉宾（2009）应用 DEA 研究我国 2006 年各省市电子及通信设备制造业的效率，对影响生产效率的外部因素进行回归分析，结果发现效率受地区开放程度、科技竞争力、产业竞争、基础设施和环境因素影响，其中对外开放程度对生产效率的影响最大。吴晓云（2010）选取我国 30 个省区作为决策单位，运用 DEA 分析方法对 2008 年各省区生产性服务业综合效率、纯技术效率、规模效率进行了测算。郝海岗（2008）以 DEA 为分析工具对全国 31 省市汽车产业效率进行实证分析，揭示各地区汽车产业生产经营情况。

数据包络分析法之所以能够在许多领域尤其是制造业与生产性服务业的产业效率分析方面得到广泛应用,是因为其在效率分析方面具有较大优越性。DEA法以综合指标评价效率,可提供用于多项投入及多项产出的效率评估。它不会受投入产出量纲的影响,能对非效率的决策单元(Decision Making Units, DMU)提出明确的改善方向。DEA最突出的优点是无需任何权重假设,输入输出的权重不是根据评价者的主观认定,而是由决策单元的实际数据求得的最优权重。因此,DEA方法在应用层面上可以减少主观判断的影响,避免因为参数估计带来的大量计算和准备工作,同时有效地减少计算误差。其基本思路是通过数学规划模型对起决策作用的单元群的输入和输出数据进行综合分析后,把每一个被评价单位作为一个DMU,通过对每个DMU投入和产出比率进行分析,得出每个DMU效率的相对指标,确定有效生产前沿面,据此将所有DMU定级排队,确定相对有效的DMU,并指出其他DMU非有效的原因和程度。传统的统计方法是从大量样本数据中分析出样本集合整体的一般情况,其本质是平均性;DEA则是从样本数据中分析出样本集合中处于相对有效的样本个体,其本质是最优性。DEA的这一特点在研究经济学领域的"生产函数"问题的时候,存在着其他方法无法取代的优越性。原因是回归统计方法把DMU混在一起进行分析,得到的"生产函数"事实上是"平均生产函数",是"非有效的",不符合经济学中的关于生产函数的定义。DEA利用数学规划的手段对有效生产前沿面予以估计,避免统计方法的缺陷。DEA方法的出现,为多输入输出情况下的"生产函数"研究带来新的光景。在应用研究中,人们发现即便是使用相同的数据,回归生产函数也没有办法像DEA那样准确测定规模收益。其关键原因在于,两种方法对数据的使用方式不同,DEA致力于单个DMU的优化,而不是各DMU构成集合的整体统计回归优化。

DEA分析法在单独的制造业和生产性服务业方面的应用性研究十分广泛,对评价某一过程中的效率有着明显的优势。但是目前将装备制造业和生产性服务业两者相结合进行产业融合效率分析的研究相对较少,而且我国生产性服务业发展对制造业升级的促进效应仍处于较低水平,主要因为生产性服务业的规模效率偏低,生产性服务业整体规模不足和内部结构不合理并存,并且生产性服务业发展对制造业升级的促进效率及其中原因存在明显的东中西地区差异和省际差异。而评价这两个产业之间的融合效率的指标体系,同样也具有多投入和多产出的特性,同时收集到的相关数据也符合DEA模型对数据的要求,因此使用DEA方法能够对两个产业之间的融合效率进行分析和评价。不同于上一章对我国装备制造业与生存性服务业融合水平的评价,在本章中两个产业的融合效率是指装备制造业(或生产性服务业)的投入对生产性服务业(或装备制造业)产出的效率,即两个产业融合效率的评价是对全国各个省市装备制造业和生产性服务业之间总投入和总产出的相对效率进行评价，能够揭示不同省市两个产业融合效率的地区差异。综上所述，本章将采用数据包络分析法对我国各地区的装备制造业与生产性服务业的产业融合效率进行分析。

5.1.2   效率评价模型选择

数据包络分析是学科交叉的产物，是建立在数学等学科的基础之上，利用线性规划的方法，对具有那些可比性的同类型单位进行相对有效性评价的一种数量分析方法。该方法最早是由 Cooper、Charnes 等人在对美国的高等学校进行评价研究时提出的，之后两人又不断拓展包络分析的模型，目前数据包络分析的模型数量已达上百种，例如 CCR 模型、BCC 模型等，被广泛应用到经济、管理、卫生等学科的研究中。数据包络分析还是对同类型组织或者项目的工作绩效的相对有效性予以评价的特殊工具手段，这类组织主要有医院、学校、超市下属营业部等。数据包络分析主要使用数学规划的方法来建立评价模型，应用数学规划模型计算比较决策单元之间的相对效率，对评价对象做出评价。数据包络分析能充分考虑决策单元本身最优的投入产出方案，因而能够更理想地反映评价对象的信息和特点，同时对于评价复杂的系统的多投入多产出的分析具有独到之处。数据包络分析有着较强的经济学背景。部门的相对有效是指在现有的技术和管理水平下，该部门达到了生产可能性前沿，即生产的最优状态；相对无效则表示部门的生产没有处在生产可能性前沿，还有提升的空间。数据包络分析法在对决策单元进行评价时，不用专家、学者对各因素的权重进行打分，可以有效地规避人的主观性对于模型评价的影响。因此，近年来数据包络分析发展较快，使用这种方法的相关研究也逐渐增多。

5.1.2.1   静态分析模型

静态分析法是根据既定的外生变量值求得内生变量的分析方法，是对已发生的经济活动成果，进行综合性的对比分析的一种分析方法。它主要应用于静态计算机科学、经济学、工程、力学、机械等方面。例如研究均衡价格时，舍掉时间、地点等因素，并假定影响均衡价格的其他因素，如消费者偏好、收入及相关商品的价格等静止不变时，单纯分析该商品的供求达于均衡状态的产量和价格。近年来数据包络分析的发展十分迅速，许多专家、学者根据研究需要对数据包络分析的基本模型进行拓展，构建了许多新的模型。目前使用最为普遍的模型有CCR 模型、BCC 模型、C2GS2 模型等，其中前两个模型是最先被提出和应用的，其他所有模型都是在这两个模型的基础上构建的。CCR 模型虽然可以用来分析部门的效率，但其也存在着一些不足。首先，该模型假设部门的规模收益不变，这同很多现实情况不符；其次，该模型只能简单地将部门或单位分为两种类型，不能够进一步进行分解，其解释力有限。在 CCR 模型基础上发展来的 BCC 模型很好地解决了这两个问题，该模型在假设中不再强调部门的规模收益不变，同时该模型的效率值还能进一步分解，解释能力更强。

CCR 模型是第一个包络分析模型，使用该模型进行效率评价时，我们假设在一个目标系统中，共有 n 个决策单元 DMU，这些部门是相互独立的，并且彼此之间存在着可比性。每个 DMU 都有 m 种输入和 r 种输出，$X_j = (x_{j1}, \cdots, x_{jm})^T$ 为第 j 个 DMU 的输入向量，其中，x_{ji} 表示第 j 个 DMU 的第 m 种输入。$Y_j = (y_{j1}, \cdots, y_{jr})^T$ 为第 j 个 DMU 的输出向量，其中 y_{jr} 表示第 j 个 DMU 的第 r 种输出。这样就构建了 CCR 模型，在效率评价中将部门的效率值作为评价结果，其数学表达式为：

$$\text{Max} \quad \mu^T y_0 = V_p$$
$$\text{s. t.} \quad \omega^T x_j - \mu^T y_j \geq 0 \quad (j=1, 2, 3, \cdots, n) \tag{5-1}$$
$$\omega^T x_0 = 1$$
$$\omega \geq 0, \ \mu \gg 0$$

式中，V_p 为目标最大函数值；x_j 为第 j 个决策单元的投入总量；y_j 为第 j 个决策单元的产出总量；ω 为投入的一种度量，即 x_j 的权系数；μ 为输出的一种度量，即 y_j 的权系数。

式（5-1）表明在给定的限制条件下使得目标函数最大，通过该公式可以得到决策单元的投入产出效率。

由于 CCR 模型存在着一些不足，限制了其使用范围，因此 Charnes 等人很快在其基础上构建了第二个包络分析模型，即 BCC 模型。BCC 模型不再强调部门为规模报酬不变，同时其效率值也能够进行分解，提高了模型的使用范围和解释能力，其数学表达式为：

$$\text{Max} \quad \mu^T y_0 - \mu_0 = V_p$$
$$\text{s. t.} \quad \omega^T x_j - \mu^T y_j + \mu_0 \geq 0 \quad (j=1, 2, 3, \cdots, n) \tag{5-2}$$
$$\omega^T x_0 = 1$$
$$\omega \geq 0, \ \mu \gg 0$$

式中，x_j 为第 j 个决策单元的投入总量；y_j 为第 j 个决策单元的产出总量；ω 为投入的一种度量，即 x_j 的权系数；μ 为输出的一种度量，即 y_j 的权系数。

同式（5-1）一样，式（5-2）表明在给定的限制条件下使得目标函数最大，通过该公式可以得到决策单元的投入产出效率。

在 BCC 模型中，部门的效率值能够进一步分解，即将部门的综合技术效率分解为规模效率和技术效率两部分，并且前者等于后两者的乘积。技术效率主要反映部门的技术能力和管理能力。通常来说，部门的技术效率越高，其经营管理能力越强。规模效率是用来判断部门是否达到规模有效,对于没有达到最优规模的部门,该模型还能进一步判断其是属于规模报酬递增还是属于规模报酬递减。综合技术效率、规模效率和技术效率均以数值 1 为判断标准,当其值达到 1 时,即为有效;小于 1 时,即没有达到最优状况,并且数值越小,效率越低。

5.1.2.2　动态分析模型

动态分析是以客观对象所显现出来的数量特征为标准,判断被研究对象是否符合正常发展趋势的要求,探求其偏离正常发展趋势的原因并对未来的发展趋势进行预测的一种统计分析方法。前面小节介绍的包络分析基本模型都是对部门效率的静态评价,是以各部门的当期有效性作为约束条件,静态地分析各部门的效率以及其分解后的效率是否达到最优状态。但静态效率分析不能全面地反映各部门在不同年份的效率变动趋势,同时也无法揭示导致效率变动背后的原因。与静态分析相比较,动态分析的优点很多:它能系统了解经济运动的全过程,能较好地揭示经济运动的规律性,为实际政策的制定提供可靠的基础;它能对静态分析进行有效的补充;对具有单一均衡位置的经济体系,它能依据时间过程探索经济变量的数值变动;对有多个均衡位置的经济体系,它能详细描绘由一个均衡位置到另一均衡位置的实际过程;它不仅适用于均衡体系,而且适用于连续失衡的经济体系。因此动态分析在现实经济生活分析中有着特别重要的地位。本章在传统的静态分析基础上,引入包络分析中 Malmquist 指数模型,从动态的视角来对装备制造业同生产性服务业的融合效率变动进行分析,同时通过效率分解找出导致其变动的主要影响因素。

Malmquist 指数模型在包络分析出现之前就已经被广泛地使用在效率变动及原因的研究中。Malmquist 指数用于研究不同时期决策单元的效率演化,它和法雷尔(Farrell)效率理论有着密切的联系。Malmquist 指数可以分解为技术变化率和资源配置变化率。技术变化率是指在给定一组投入要素不变的情况下,实际产出与最大产出之比。资源配置变化率是指在给定价格和技术的条件下,生产给定产出的投入的最佳组合。通过分解,我们可以更加详细地了解提高综合生产率的源泉,避免将效率的变化只归因于某一个指数,而忽视另一个指数的作用。20世纪 80 年代,Fare 等人创造性的将 Malmquist 指数模型引入包络分析中,不仅将包络分析从只能进行静态分析提升到可以对效率变动进行动态分析,而且极大地发挥了该模型在效率变动分析中的强大优势。该模型一经推出就被广泛应用到社会科学的各个领域。该模型的数学表达形式为:

$$M_i^t(x^t,\ y^t,\ x^{t+1},\ y^{t+1})=\left[\frac{D_i^t(x^{t+1},\ y^{t+1})}{D_i^t(x^t,\ y^t)}\cdot\frac{D_i^{t+1}(x^{t+1},\ y^{t+1})}{D_i^{t+1}(x^t,\ y^t)}\right]^{\frac{1}{2}} \quad (5-3)$$

式中,D_i^t 为 t 时期的生产函数;x^t 和 y^t 分别表示在一个特定时期 t 内 x^t 可以生产

出 y^t，同理 x^{t+1} 和 y^{t+1} 分别表示在一个特定时期 $t+1$ 内 x^{t+1} 可以生产出 y^{t+1}。

因此 (x^t, y^t) 和 (x^{t+1}, y^{t+1}) 就可以表示不同时期的效率水平。即当该指数大于 1 时，表明综合效率呈上升趋势，当该指数小于 1 时，表明综合效率呈下降趋势。我们将 Malmquist 指数模型进行变换，最终得到该模型的效率分解形式，其数学表达式为：

$$M_j^t = \text{TECH}_{ch} \cdot \text{EFF}_{ch} = \text{TECH}_{ch} \cdot \text{SE}_{ch} \cdot \text{PTE}_{ch} \tag{5-4}$$

式中，M_j^t 为计算得到的部门综合效率；EFF_{ch} 代表部门的技术进步变化；TECH_{ch} 代表部门的综合技术变动；SE_{ch} 代表部门的规模效率；PTE_{ch} 代表部门的纯技术效率。

部门的综合效率由技术进步和综合技术变动两部分共同影响，而综合技术进步又由规模效率和纯技术两部分影响。

5.2 指标的选取与说明

5.2.1 指标的选取

目前国内外关于产业融合效率的评价研究还不是很多，通过对相关研究的分析和整理，可以找出被广泛使用的指标。李菁（2012）在对江苏省生产性服务业和制造业的关联分析中，使用了产业规模、就业数量、主营业务收入等指标。邹坦永（2016）在对物流服务业同生产制造业之间的融合效率进行分析时，使用了资产总额、就业数量、主营业务收入、利润等指标。陈建军和陈菁菁（2011）在分析生产性服务业与制造业空间协同效率时，构建了评价指标体系，使用了产业规模、经营状况、产业发展水平等指标。毛甜（2013）以辽宁、山东、江苏、浙江和广东五省为例，实证检验了这五个省份装备制造业经济效率与产业融合之间的关系，提出了生产性服务业的规模和开放程度对制造业经济效率有着重要的影响。姜博（2015）从产业融合的视角，验证了生产性服务业对装备制造业创新效率的影响，使用了产业规模、就业数量、主营业务收入等指标。

通过对上述文献中各项指标的分析，本章选取产业规模、劳动力投入、资本投入来反映生产性服务业和装备制造业的投入情况，使用总产值、利润总额和利税总额来反映行业的总产出情况，并分别从生产性服务业对装备制造业的支撑效率和装备制造业对生产性服务业的带动效率两个角度，对装备制造业与生产性服务业融合效率进行分析。

5.2.2 指标说明

（1）产业规模。产业规模是指一类产业的产出规模或经营规模，可用生产总值或产出量表示。产业规模用固定资产和企业数量代表。随着规模经济研究的深入，产业规模的研究也逐渐深入。产业需要一个适度规模，规模过大会导致产能过剩,造成资源浪费;产业规模过小,不易形成规模效应,在完全竞争的环境中不易形成竞争优势。在前文的分析中,我们发现各个省份之间生产性服务业和装备制造业的规模有很大的差异,产业的规模不仅对本行业的发展有重要的影响,而且对相关产业也有重要的影响。本章使用固定资产和企业数量来综合反映产业规模,这样既能反映出一个地区产业规模的深度也能反映出一个地区产业规模的广度。

(2)劳动力投入。劳动力投入是一个国家一定时期内投入到生产中的劳动力。装备制造业和生产性服务业一直是我国提供就业岗位最多、就业人员较为密集的部门。虽然近年来,随着我国发展目标的改变、制度改革和创新、产业升级和转型,装备制造业和生产性服务业单位产出的劳动力投入有所减少,但仍没有从根本上扭转其劳动密集性的特征。本章使用产业就业数量来反应产业的劳动力投入情况。

(3)资本投入。装备制造业和生产性服务业都是资本密集型行业,产业规模的扩大需要资本的投入。本章使用固定资产投资来反映生产性服务业和装备制造业的资本投入强度。固定资产投资更能动态地反映制造业每年的新增资本投入情况,同时也是对产业总资产静态反应产业投入的一种补充。

(4)总产值。总产值是生产单位、生产部门、地区或整个国民经济在一定时期内所生产的全部产品的价值。总产值是衡量生产性服务业和装备制造业经济产出的重要指标。生产性服务业和装备制造业的部门很多,不同部门之间产品差异很大,用具体某种产品的产值很难准确衡量制造业各部门的经济产出情况。因此本章选择总产值来对生产性服务业和装备制造业的总产出情况进行衡量,以准确的反映出生产性服务业和装备制造业的经济产出效率。

(5)营业利润。营业利润是企业最基本的经营活动的成果,也是企业一定时期获得利润中最主要、最稳定的来源,是反映生产性服务业和装备制造业盈利能力的重要指标。装备制造业目前普遍存在产值较高,而利润水平较低的问题,这是导致我国装备制造业陷入困局的一个重要原因。不同于总产值,营业利润不仅能够反映企业的经济产出情况,而且还能反应产品的附加值。营业利润在反映制造业经济产出的同时,也反映制造业的产业发展水平。

(6)利税总额。生产性服务业和装备制造业企业在经营过程中,不仅为本企业带来经济效益,而且也向当地缴纳各种税费,而这也是对当地发展的一种贡献。通常来看,企业的经营状况越好,其对国家缴纳的税金也越多,对地区经济发展所起到的作用也就越大。因此利税总额不仅是企业生产过程中的重要经济产出,而且也是对社会的贡献。因此,本章选择利税总额作为评价生产性服务业和装备制造业融合效率的指标。

5.3 数据来源与预处理

前面的章节分析我国生产性服务业和装备制造业的空间产业布局,发现我国各省生产性服务业和装备制造业的发展水平有很大的差异。基于此,本章选择我国 30 个省份(由于西藏生产性服务业和装备制造业的规模同其他省份相比有着明显的差距,为了使分析结果更加准确,没有对西藏进行分析。同时,台湾、香港特别行政区和澳门特别行政区数据无法获得,因此也没有进行分析)2005~2014 年生产性服务业和装备制造业投入产出的面板数据,从静态和动态两个视角来评价我国生产性服务业和装备制造业的融合效率及其变动情况。本章的数据主要来自《中国统计年鉴》《中国第三产业统计年鉴》《中国工业统计年鉴》以及各地区的《统计年鉴》,部分数据来自国研网及其他数据提供网站,使用的软件是 DEAP2.1。

由于数据的量纲不一致,因此需要对数据进行标准化。数据标准化处理主要包括数据同趋化处理和无量纲化处理两个方面。数据同趋化处理主要解决数据不同性质的问题,对不同性质指标直接加总不能正确反映不同作用力的综合结果,须先改变逆指标数据性质,使所有指标对测评方案的作用力同趋化,再加总才能得出正确结果。数据无量纲化处理主要解决数据的可比性。常用的方法有 Min-max 标准化、z-score 标准化和 Decimal scaling 小数定标标准化。因为 DEA 软件要求每个数据均大于零,因此本章选用最为常见的 Min-max 标准化方法来对数据进行标准化处理。这样可以进一步提高测度,结果更具说服力。

5.4 生产性服务业对装备制造业支撑效率的测算结果

生产性服务业对装备制造业的支撑效率评价,以生产性服务业的资产规模、资本投入和劳动力投入为投入项,以装备制造业的总产值、利润总额和利税总额为产出项。本节首先使用选取的我国 30 个省份 2005~2014 年的截面数据,对我国各省份各年度的生产性服务业对装备制造业的支撑效率进行计算,然后将各省生产性服务业对装备制造业的支撑效率进行加总,获得我国整体的生产性服务和装备制造业融合效率情况。在静态分析的基础上,使用 Malmquist 模型对我国生产性服务业对装备制造业的支撑效率的变动情况进行分析,同样使用数据加总的方式获得生产性服务业对装备制造业的支撑效率整体的变动情况。然后再进一步将生产性服务业对装备制造业的支撑效率分解为技术效率和规模效率。在包络分析所得的结果中,数值为 1 表明该地区的产业融合达到最优效率,数值在 0 至 1之间,表明该地区的产业融合效率还有提升的空间,并且数值越大表明效率越高。

5.4.1　全国整体支撑效率测算结果

通过使用 DEAP 软件对我国各省生产性服务业和装备制造业 2005~2019 年的截面数据进行计算，我们得到了这十年间我国生产性服务业对装备制造业的支撑效率，然后将支撑效率进一步分解为技术效率和规模效率。具体的我国生产性服务业对装备制造业的支撑效率及其技术效率和规模效率情况见表 5-1。表中递增、递减和不变是指产业融合效率中属于规模报酬递增、递减和不变的省市数量。

表 5-1　我国生产性服务业对装备制造业的支撑效率水平

年份	综合效率	技术效率	规模效率	递增	递减	不变
2010	0.719	0.854	0.842	15	9	6
2011	0.757	0.81	0.935	14	9	7
2012	0.837	0.866	0.967	12	13	5
2013	0.872	0.883	0.987	9	14	7
2014	0.787	0.857	0.918	12	10	8
2015	0.863	0.945	0.913	14	8	8
2016	0.799	0.831	0.961	14	9	7
2017	0.785	0.852	0.921	9	13	8
2018	0.779	0.854	0.912	12	10	8
2019	0.805	0.876	0.919	15	9	6
均值	0.8002	0.8628	0.9275	12.6	10.4	7

在使用 BCC 模型对我国生产性服务业对装备制造业的支撑效率进行静态分析的基础上，使用 Malmquist 指数模型对静态分析中获得的数据，动态分析我国生产性服务业对装备制造业的支撑效率的变动情况。同静态分析一样，动态分析中也将我国生产性服务业对装备制造业的支撑效率进行分解，分解为技术进步和综合技术效率。其中，综合技术效率由规模效率和纯技术效率两部分构成，纯技术效率是企业由于管理和技术等因素影响的生产效率，反映的是 DMU 在一定（最优规模时）投入要素的生产效率；规模效率是由于企业规模因素影响的生产效率，反映的是实际规模与最优生产规模的差距。表 5-2 列出了我国生产性服务业对装备制造业的支撑效率及各分解效率的变动情况。

表5-2 我国生产性服务业对装备制造业的支撑效率变动情况

年份	综合技术效率	技术进步率	纯技术效率	规模效率	综合效率
2010~2011	0.968	0.983	0.944	1.025	0.951
2011~2012	1.060	1.135	1.106	0.958	1.203
2012~2013	0.992	1.042	0.997	0.995	1.034
2013~2014	0.954	1.106	0.957	0.997	1.055
2014~2015	0.981	1.012	1.071	0.916	0.993
2015~2016	1.104	1.104	0.992	1.113	1.219
2016~2017	1.123	1.022	1.082	1.038	1.148
2017~2018	1.050	1.017	1.026	1.023	1.067
2018~2019	0.882	1.123	0.953	0.925	0.990
均值	1.013	1.060	1.014	0.999	1.073

5.4.2 全国整体支撑效率结果分析

（1）我国整体生产性服务业对装备制造业的支撑效率分析。

在分析选取的我国30个省生产性服务业对装备制造业的支撑效率结果的基础上，我们得到了2010~2019年间我国生产性服务业对装备制造业的支撑效率值。从表5-1可以看出，我国生产性服务业对装备制造业的支撑效率十年的均值为0.8002，同生产可能性前沿有着较大的差距，这表明我国生产性服务业对装备制造业的支撑效率水平仍需进一步提高。我国生产性服务业对装备制造业的支撑效率的技术效率均值为0.8628，规模效率均值为0.9275，可见技术效率水平较低是制约我国生产性服务业对装备制造业的支撑效率的主要原因，提高我国生产性服务业的技术、管理水平是提高我国生产性服务业对装备制造业的支撑效率的有效途径。

（2）我国生产性服务业对装备制造业的支撑效率的变动情况分析。

表5-2显示的是我国生产性服务业对装备制造业的支撑效率的变动情况，我们以2010年为时间起点，使用Malmquist指数模型分别计算每一年相对前一年我国生产性服务业对装备制造业的支撑效率及其分解效率的变动情况。从表5-2可以看出，我国生产性服务业对装备制造业的支撑效率均值为1.073，这表明其增长率为7.3%。同样可以得到技术进步和综合技术效率变动均值分别为1.060和1.013，增长率分别为6%和1.3%。综合技术效率分解后得到的纯技术效率和规模效率变动的均值为1.014和0.999，增长率分别为1.4%和-0.1%，可见纯技术效率和技术进步是我国生产性服务业对装备制造业的支撑效率提升的主要因素。而规模效率有着较小幅度的负增长，这说明虽然我国生产性服务业取得了较快的

发展，但对装备制造业的规模效率的提升没有起到预期的帮助。

综合技术效率是对决策单元的资源配置能力、资源使用效率等多方面的综合衡量与评价（如果企业处于生产前沿的条件下，即企业是技术有效的，此时综合技术效率等于1），是我国生产性服务业对装备制造业的支撑效率提升的主要动力，因此在我国生产性服务业对装备制造业的支撑效率变动分析的基础上，进一步对综合技术效率进行分解，确定综合技术效率中哪个指标是促进其增长的主要原因。从表5-2可以看出，纯技术效率的增长幅度几乎均要高于规模效率的变动，可见纯技术效率的增长是我国生产性服务业对装备制造业的支撑效率增长的主要原因。而规模效率变动幅度较大，但其年均增长率为负，表明其对综合技术效率的变动有负向影响，即存在规模不经济的问题，应当合理控制产业规模，优先发展高技术产业，通过技术进步带动两个产业的融合效率。

5.4.3 各省市支撑效率测算结果

对我国整体生产性服务业对装备制造业的支撑效率进行分析，得出的结果仅仅是国家整体大局的情况体现，需进一步分析我国各省市生产性服务业对装备制造业的支撑效率的变动情况。表5-3显示的是2010~2019年间，我国各地区生产性服务业对装备制造业的支撑效率情况。

表5-3 我国各地区生产性服务业对装备制造业的支撑效率变动情况

地区	2010	2011	2012	2013	2014	2015	2016	2017	2018	2019
北京	0.801	0.742	0.789	0.813	0.795	1.000	1.000	0.774	0.745	0.755
天津	1.000	0.706	0.909	0.824	0.994	0.876	0.852	0.874	1.000	0.876
河北	0.728	0.778	0.655	0.805	1.000	1.000	0.815	0.838	0.906	1.000
山西	0.562	0.593	0.622	0.598	0.634	0.722	0.596	0.611	0.552	0.583
内蒙古	0.743	0.832	0.645	0.602	0.598	0.536	0.489	0.652	0.712	0.672
辽宁	0.712	0.673	0.638	0.865	0.921	0.64	0.746	0.752	0.648	0.598
吉林	0.517	0.528	0.574	0.642	0.574	0.558	0.523	0.593	0.576	0.532
黑龙江	0.727	0.652	0.692	0.821	0.535	0.597	0.795	0.673	0.572	0.598
上海	1.000	1.000	1.000	1.000	1.000	1.000	1.000	1.000	1.000	1.000
江苏	0.998	0.976	1.000	0.931	0.979	1.000	1.000	1.000	1.000	1.000
浙江	1.000	0.962	0.952	0.943	0.983	1.000	1.000	1.000	1.000	0.988
安徽	0.654	0.721	0.814	0.678	0.763	0.613	0.518	0.778	0.641	0.721
福建	0.972	0.946	0.947	0.876	0.878	1.000	0.873	1.000	0.889	0.873
江西	0.873	0.673	0.692	0.764	0.721	0.874	0.745	0.843	0.713	0.783
山东	1.000	0.997	1.000	1.000	1.000	1.000	1.000	1.000	1.000	1.000

地区	2010	2011	2012	2013	2014	2015	2016	2017	2018	2019
河南	0.769	0.883	0.821	0.857	0.843	0.922	0.982	0.745	0.801	0.924
湖北	0.688	0.609	0.652	0.649	0.632	0.573	0.592	0.598	0.872	0.626
湖南	0.682	0.631	0.599	0.632	0.617	0.583	0.592	0.732	0.683	0.673
广东	1.000	1.000	1.000	1.000	1.000	1.000	1.000	1.000	1.000	1.000
广西	0.629	0.683	0.712	0.651	0.697	0.681	0.693	0.694	0.599	0.612
海南	0.746	0.752	0.779	0.731	0.623	0.675	0.691	0.685	0.654	0.499
重庆	0.765	0.734	0.782	0.788	0.791	0.587	0.628	0.798	0.783	0.765
四川	0.619	0.638	0.642	0.682	0.621	0.621	0.672	0.763	0.578	0.628
贵州	0.618	0.702	0.587	0.573	0.586	0.623	0.687	0.633	0.621	0.643
云南	0.647	0.653	0.673	0.621	0.632	0.731	0.702	0.784	0.593	0.685
陕西	0.783	0.792	0.693	0.682	0.687	0.765	0.763	0.729	0.714	0.697
甘肃	0.589	0.603	0.614	0.598	0.637	0.578	0.592	0.565	0.588	0.595
青海	0.674	0.638	0.628	0.619	0.638	0.634	0.656	0.614	0.609	0.702
宁夏	0.749	0.869	0.911	0.736	0.381	0.542	0.463	0.484	0.495	0.343
新疆	0.569	0.497	0.687	0.753	0.708	0.866	0.796	0.884	0.874	0.941

当某个省市的生产性服务业对装备制造业的支撑效率值为1时，表明其已处于最优生产状态；而当该数值小于1时，表明其还没有达到最优生产状态。从表5-3可以看出，上海、广州、山东、江苏达到最优状态的年份比较多，这几个省份其他年份的效率值也都基本接近于1，尤其是上海和广东，十年来都均达到最优状态。其他省份同这些省份相比，数值为1的年份较少，一些省份的效率值还较低，说明还有着很大的提升空间。

5.4.4 各省市支撑效率测算结果分析

将2010~2019年我国各地区生产性服务业对装备制造业的支撑效率值进行加总平均，可以得到我国30个地区10年的效率及其分解效率均值，各地区按照生产性服务业对装备制造业的支撑效率的高低进行排名，见表5-4。

表5-4 我国各地区历年生产性服务业对装备制造业的支撑效率均值

地区	总效率	规模效率	技术效率	排名
北京	0.821	0.923	0.884	10
天津	0.892	0.978	0.911	7
河北	0.853	0.935	0.912	9

地区	总效率	规模效率	技术效率	排名
山西	0.607	0.789	0.769	27
内蒙古	0.648	0.813	0.797	22
辽宁	0.719	0.894	0.802	15
吉林	0.561	0.724	0.775	30
黑龙江	0.666	0.801	0.831	19
上海	1.000	1.000	1.000	1
江苏	0.988	0.988	1.000	4
浙江	0.982	0.977	1.005	5
安徽	0.690	0.822	0.838	16
福建	0.926	0.977	0.949	6
江西	0.768	0.856	0.875	11
山东	0.999	1.000	1.000	3
河南	0.854	0.945	0.905	8
湖北	0.649	0.832	0.780	21
湖南	0.642	0.815	0.788	25
广东	1.000	1.000	1.000	1
广西	0.665	0.802	0.830	20
海南	0.681	0.832	0.818	17
重庆	0.743	0.868	0.856	13
四川	0.644	0.842	0.765	23
贵州	0.626	0.788	0.795	26
云南	0.672	0.821	0.819	18
陕西	0.731	0.857	0.852	14
甘肃	0.596	0.783	0.761	29
青海	0.642	0.822	0.781	24
宁夏	0.598	0.765	0.781	28
新疆	0.770	0.869	0.886	11

根据各地区生产性服务业对装备制造业的支撑效率的数值，我们对其进行排名，见表 5-5。

表5-5 我国各地区历年生产性服务业对装备制造业的支撑效率的排名

地区	总效率	规模效率	技术效率	排名
上海	1.000	1.000	1.000	1
广东	1.000	1.000	1.000	1
山东	0.999	1.000	1.000	3
江苏	0.988	0.988	1.000	4
浙江	0.982	0.977	1.005	5
福建	0.926	0.977	0.949	6
天津	0.892	0.978	0.911	7
河南	0.854	0.945	0.905	8
河北	0.853	0.935	0.912	9
北京	0.821	0.923	0.884	10
江西	0.768	0.856	0.875	11
新疆	0.757	0.862	0.886	12
重庆	0.742	0.869	0.855	13
陕西	0.731	0.857	0.852	14
辽宁	0.719	0.894	0.802	15
安徽	0.690	0.822	0.838	16
海南	0.681	0.832	0.818	17
云南	0.672	0.821	0.819	18
黑龙江	0.666	0.801	0.831	19
广西	0.665	0.802	0.830	20
湖北	0.649	0.832	0.780	21
内蒙古	0.648	0.813	0.797	22
四川	0.646	0.842	0.765	23
青海	0.641	0.821	0.781	24
湖南	0.642	0.815	0.788	25
贵州	0.626	0.788	0.795	26
山西	0.607	0.789	0.769	27
宁夏	0.598	0.765	0.782	28
甘肃	0.596	0.783	0.761	29
吉林	0.561	0.724	0.775	30

从2010~2019年我国各省生产性服务业对装备制造业的支撑效率均值情况来看，上海市、广东省的均值为1，已达到生产前沿，处于第一行列。山东省、

江苏省、浙江省排名分列第 3~5 位，这两个省各项指标在全国排名比较靠前，已十分接近生产性前沿。福建省的效率值也比较高，超过了 0.9，排在所有省份的第 6 位。这几个省都十分接近生产性前沿，整体处于第二行列。天津市、河南省、河北省、北京市的效率值超过了 0.8，分列第 7~10 位，同前几个省市相比存在一定的差距，处于第三行列。新疆维吾尔自治区、江西省、重庆市、陕西省、辽宁省的效率值超过了 0.7，位列第 11~15 位，处于第四行列。安徽省、海南省、云南省、广西省、湖北省、黑龙江省、内蒙古自治区、四川省、湖南省、青海省、贵州省、山西省的效率值超过了 0.6，位列第 16~27 位，处于第五行列。宁夏自治区、甘肃省、吉林省的效率值超过了 0.5，位列第 28~30 位，处于第六行列。

　　根据各省市所处的区域，我们再次对其进行归类，具体的排名情况见表 5-6。另外，从我国区域分布的角度分析，东部沿海的山东省、上海市、广东省、江苏省、浙江省、福建省等地区的平均效率值超过了 0.9，显著高于中部和西部地区。生产性服务业对装备制造业的支撑效率排名前六位地区全部位于东部地区，该地区的其他省份排名也都比较高。中部省份中，河南省、江西省、湖北省的排名比较靠前，其他省份则基本处于中部位置。西部省份的整体排名比较靠后，除新疆维吾尔自治区、重庆市外，基本都处于最后的位置。

表 5-6　我国各区域省份历年生产性服务业对装备制造业的支撑效率的排名

省份	总效率	规模效率	技术效率	排名
东部省份				
上海	1.000	1.000	1.000	1
广东	1.000	1.000	1.000	1
山东	0.999	1.000	1.000	3
江苏	0.988	0.988	1.000	4
浙江	0.982	0.977	1.005	5
福建	0.926	0.977	0.949	6
天津	0.892	0.978	0.911	7
河北	0.853	0.935	0.912	9
北京	0.821	0.923	0.884	10
辽宁	0.719	0.894	0.802	15
海南	0.681	0.832	0.818	17
中部省份				
河南	0.854	0.945	0.905	8
江西	0.768	0.856	0.875	11

省份	总效率	规模效率	技术效率	排名
安徽	0.690	0.822	0.838	16
湖北	0.649	0.832	0.780	21
黑龙江	0.666	0.801	0.831	19
湖南	0.642	0.815	0.788	25
山西	0.607	0.789	0.769	27
吉林	0.561	0.724	0.775	30
西部省份				
新疆	0.757	0.862	0.886	12
重庆	0.742	0.869	0.855	13
陕西	0.731	0.857	0.852	14
云南	0.672	0.821	0.819	18
广西	0.665	0.802	0.830	20
内蒙古	0.648	0.813	0.797	22
四川	0.644	0.842	0.765	23
青海	0.641	0.821	0.781	24

5.5 装备制造业对生产性服务业的带动效率的测算结果

装备制造业对生产性服务业的带动效率的评价，以装备制造业资产规模、资本投入和劳动力投入为投入项，以生产性服务业的总产值、利润总额和利税总额为产出项。本节首先使用选取的我国 30 个省份 2005～2014 年的截面数据，对我国各省份各年度的装备制造业对生产性服务业的带动效率进行计算，然后将各省装备制造业对生产性服务业的带动效率进行加总，获得我国整体的装备制造业对生产性服务业的带动效率情况。在静态分析的基础上，使用 Malmquist 模型对我国装备制造业对生产性服务业的带动效率的变动情况进行分析，同样使用数据加总的方式获得装备制造业对生产性服务业的带动效率整体的变动情况。然后再进一步将装备制造业对生产性服务业的带动效率分解为技术效率和规模效率。在数据包络分析所得的结果中，数值为 1 表明该地区的产业融合达到最优效率，数值在 0 至 1 之间，表明该地区的产业融合效率还有提升的空间，并且数值越大表明效率越高，状态最优。

5.5.1 全国整体带动效率测算结果

通过使用 DEAP 软件对我国各省生产性服务业和装备制造业 2010～2019 年的

截面数据进行计算，我们得到了这十年间我国装备制造业对生产性服务业的带动效率，然后将带动效率进一步分解为技术效率和规模效率。具体的我国装备制造业对生产性服务业的带动效率及其技术效率和规模效率情况见表5-7。表中递增、递减和不变是指产业融合效率中属于规模报酬递增、递减和不变的省市数量。

表5-7　我国装备制造业对生产性服务业的带动效率水平

年份	综合效率	技术效率	规模效率	递增	递减	不变
2010	0.719	0.854	0.842	14	10	6
2011	0.750	0.805	0.932	12	11	7
2012	0.827	0.855	0.967	12	13	5
2013	0.774	0.883	0.876	10	13	7
2014	0.787	0.857	0.918	12	10	8
2015	0.874	0.943	0.923	12	10	8
2016	0.800	0.832	0.962	15	8	7
2017	0.813	0.851	0.953	9	13	8
2018	0.786	0.855	0.919	12	11	7
2019	0.750	0.863	0.921	16	8	6
均值	0.792	0.859	0.921	12.4	10.7	6.9

在使用BCC模型对我国装备制造业对生产性服务业的带动效率进行静态分析的基础上，使用Malmquist指数模型对静态分析中获得的数据，动态分析我国装备制造业对生产性服务业的带动效率的变动情况。同静态分析一样，动态分析中也将我国装备制造业对生产性服务业的带动效率进行分解，分解为技术进步和综合技术效率。其中，综合技术效率由规模效率和纯技术效率两部分构成。表5-8列出了我国装备制造业对生产性服务业的带动效率及各分解效率的变动情况。

表5-8　我国装备制造业对生产性服务业的带动效率变动情况

年份	综合技术效率	技术进步率	纯技术效率	规模效率	综合效率
2010~2011	1.037	1.104	0.991	1.013	1.145
2011~2012	1.134	1.039	1.091	1.037	1.016
2012~2013	1.049	1.022	1.026	1.021	0.943
2013~2014	0.982	1.030	0.953	0.925	1.109
2014~2015	0.956	1.014	0.943	1.025	0.939
2015~2016	0.972	0.874	1.112	0.956	1.100

年份	综合技术效率	技术进步率	纯技术效率	规模效率	综合效率
2016~2017	1.001	1.004	0.997	0.996	1.028
2017~2018	0.998	1.043	0.957	0.984	1.085
2018~2019	1.015	0.938	1.068	0.986	0.960
均值	1.016	1.008	1.015	0.994	1.011

5.5.2 全国整体带动效率结果分析

5.5.2.1 我国整体装备制造业对生产性服务业的带动效率分析

在对我国 30 个省装备制造业对生产性服务业的带动效率的基础上，我们得到了 2010~2019 年间我国装备制造业对生产性服务业的带动效率。从表 5-7 可以看出，我国装备制造业对生产性服务业的带动效率十年的均值为 0.792，同生产可能性前沿有着较大的差距，这表明我国装备制造业对生产性服务业的带动效率水平依旧较低，需进一步提高。我国装备制造业对生产性服务业的带动的技术效率均值为 0.859，规模效率均值为 0.921，可见技术效率水平较低是制约我国装备制造业对生产性服务业的带动效率的主要原因，提高我国制造业的技术、管理水平是提高我国装备制造业对生产性服务业的带动效率的有效途径。

5.5.2.2 我国装备制造业对生产性服务业的带动效率的变动情况分析

表 5-8 显示的是我国装备制造业对生产性服务业的带动效率的变动情况，我们以 2010 年为时间起点，以 2014 年为时间终点，使用 Malmquist 指数模型分别计算每一年相对前一年我国装备制造业对生产性服务业的带动效率及其分解效率的变动情况。从表 5-8 可以看出，我国装备制造业对生产性服务业的带动效率均值为 1.011，这表明其增长率为 1.1%。同样可以得到技术进步和综合技术效率变动均值分别为 1.016 和 1.008，增长率分别为 1.6% 和 0.8%。综合技术效率分解后得到的纯技术效率和规模效率变动的均值为 1.015 和 0.998，增长率分别为 1.5% 和 -0.2%，可见纯技术效率和技术进步是我国装备制造业对生产性服务业的带动效率提升的主要因素。而规模效率有着较小幅度的负增长，这说明虽然我国装备制造业取得了较快的发展，但对生产性服务业的规模效率的提升没有起到预期的帮助。因此应当合理控制装备制造业的产业规模，优化产业结构，不断提高高端装备制造业的比重，通过技术进步带动两个产业的融合。

综合技术效率是我国装备制造业对生产性服务业的带动效率提升的主要动力，因此在我国装备制造业对生产性服务业的带动效率分析的基础上，进一步对综合技术效率进行分解，确定综合技术效率中哪个指标是促进其增长的主要原因。从表 5-8 可以看出，纯技术效率的增长幅度几乎均要高于规模效率的变动，可见纯技术效率的增长是我国装备制造业对生产性服务业的带动效率增长的主要原因。而规模效率变动幅度较大，但其年均增长率为负，表明其对综合技术效率的变动有负向影响，制约了两个产业的融合效率提升。

5.5.3　各省市带动效率测算结果

对我国整体装备制造业对生产性服务业的带动效率进行分析，其结果只能反映国家整体的趋势情况，需进一步分析我国各省市装备制造业对生产性服务业的带动效率的变动情况。表 5-9 显示的是 2010~2019 年间，我国各地区装备制造业对生产性服务业的带动效率情况。

表 5-9　我国各地区历年装备制造业对生产性服务业的带动效率均值

地区	2010	2011	2012	2013	2014	2015	2016	2017	2018	2019
北京	0.778	0.998	0.76	0.789	0.763	0.812	0.842	0.855	0.765	0.905
天津	0.875	0.875	1.000	0.909	0.902	0.822	0.705	0.874	0.992	0.854
河北	0.828	1.000	0.907	0.655	0.772	0.805	0.778	1.000	1.000	0.811
山西	0.611	0.721	0.553	0.622	0.574	0.598	0.593	0.583	0.635	0.591
内蒙古	0.651	0.535	0.712	0.645	0.564	0.602	0.832	0.672	0.599	0.483
辽宁	0.712	0.639	0.648	0.638	0.634	0.865	0.672	0.598	0.921	0.745
吉林	0.591	0.635	0.576	0.593	0.653	0.642	0.638	0.567	0.574	0.678
黑龙江	0.67	0.596	0.572	0.692	0.734	0.820	0.653	0.599	0.535	0.795
上海	1.000	1.000	1.000	1.000	1.000	1.000	1.000	1.000	1.000	1.000
江苏	1.000	1.000	1.000	1.000	0.978	0.931	0.976	1.000	0.979	1.000
浙江	1.000	1.000	1.000	0.952	0.988	0.943	0.962	0.988	0.983	1.000
安徽	0.778	0.602	0.641	0.814	0.788	0.679	0.722	0.708	0.764	0.518
福建	1.000	1.000	0.889	0.947	0.879	0.876	0.946	0.873	0.878	0.873
江西	0.843	0.873	0.713	0.692	0.763	0.764	0.673	0.783	0.721	0.745
山东	1.000	1.000	1.000	1.000	1.000	1.000	0.997	1.000	1.000	1.000
河南	0.748	0.921	0.801	0.821	0.832	0.857	0.883	0.924	0.843	0.983
湖北	0.598	0.572	0.872	0.651	0.633	0.649	0.629	0.626	0.632	0.592
湖南	0.732	0.582	0.683	0.599	0.623	0.632	0.631	0.673	0.617	0.592
广东	1.000	1.000	1.000	1.000	1.000	1.000	1.000	1.000	1.000	1.000
广西	0.694	0.683	0.599	0.712	0.721	0.652	0.683	0.619	0.697	0.693
海南	0.685	0.676	0.65	0.779	0.842	0.732	0.751	0.498	0.623	0.691
重庆	0.798	0.598	0.783	0.782	0.643	0.788	0.734	0.765	0.791	0.628

地区	2010	2011	2012	2013	2014	2015	2016	2017	2018	2019
四川	0.763	0.601	0.578	0.642	0.743	0.682	0.638	0.628	0.621	0.672
贵州	0.632	0.613	0.621	0.587	0.721	0.573	0.702	0.643	0.586	0.687
云南	0.784	0.733	0.593	0.673	0.754	0.621	0.653	0.683	0.632	0.702
陕西	0.729	0.763	0.714	0.693	0.753	0.682	0.792	0.699	0.687	0.763
甘肃	0.567	0.578	0.588	0.614	0.595	0.598	0.603	0.593	0.637	0.592
青海	0.618	0.634	0.609	0.628	0.761	0.619	0.638	0.702	0.638	0.656
宁夏	0.489	0.542	0.495	0.654	0.665	0.736	0.869	0.654	0.481	0.463
新疆	0.884	0.866	0.765	0.687	0.876	0.753	0.497	0.941	0.708	0.796

5.5.4 各省市带动效率测算结果分析

将 2010~2019 年我国各省装备制造业对生产性服务业的带动效率值进行加总平均，可以得到我国 30 个地区 10 年的效率及其分解效率均值，见表 5-10。

表 5-10 2010~2019 年我国各地区历年装备制造业对生产性服务业的带动效率情况

地区	综合效率	规模效率	技术效率	排名
北京	0.883	0.912	0.969	7
天津	0.891	0.975	0.914	6
河北	0.845	0.933	0.906	10
山西	0.602	0.789	0.763	30
内蒙古	0.681	0.821	0.830	23
辽宁	0.748	0.891	0.840	14
吉林	0.637	0.735	0.867	27
黑龙江	0.693	0.801	0.866	22
上海	1.000	1.000	1.000	1
江苏	0.968	0.988	0.980	3
浙江	0.924	0.978	0.945	5
安徽	0.700	0.821	0.852	20
福建	0.862	0.976	0.883	8
江西	0.755	0.867	0.871	12
山东	0.950	1.000	0.950	4
河南	0.856	0.925	0.926	9
湖北	0.714	0.832	0.858	18

地区	综合效率	规模效率	技术效率	排名
湖南	0.699	0.815	0.857	21
广东	0.975	1.000	0.975	2
广西	0.735	0.812	0.905	15
海南	0.728	0.822	0.886	16
重庆	0.784	0.858	0.914	11
四川	0.714	0.843	0.847	17
贵州	0.627	0.788	0.795	28
云南	0.680	0.821	0.828	24
陕西	0.678	0.857	0.791	25
甘肃	0.613	0.783	0.783	29
青海	0.710	0.822	0.864	19
宁夏	0.657	0.765	0.859	26
新疆	0.750	0.869	0.863	13

　　根据各地区装备制造业对生产性服务业的带动效率数值，我们对其进行排名，见表 5-11。

表 5-11　我国各地区历年装备制造业对生产性服务业的带动效率排名情况

地区	综合效率	规模效率	技术效率	排名
上海	1.000	1.000	1.000	1
广东	0.975	1.000	0.975	2
江苏	0.968	0.988	0.980	3
山东	0.952	1.000	0.950	4
浙江	0.924	0.978	0.945	5
天津	0.891	0.975	0.914	6
北京	0.883	0.912	0.969	7
福建	0.862	0.976	0.883	8
河南	0.856	0.925	0.926	9
河北	0.845	0.933	0.906	10
重庆	0.784	0.858	0.914	11
江西	0.755	0.867	0.871	12
新疆	0.751	0.869	0.863	13
辽宁	0.748	0.891	0.840	14

地区	综合效率	规模效率	技术效率	排名
广西	0.735	0.812	0.905	15
海南	0.728	0.822	0.886	16
四川	0.714	0.843	0.847	17
湖北	0.714	0.832	0.858	18
青海	0.712	0.822	0.864	19
安徽	0.704	0.821	0.852	20
湖南	0.699	0.815	0.857	21
黑龙江	0.693	0.801	0.866	22
内蒙古	0.681	0.821	0.831	23
云南	0.680	0.821	0.828	24
陕西	0.678	0.857	0.791	25
宁夏	0.657	0.765	0.859	26
吉林	0.637	0.735	0.867	27
贵州	0.627	0.788	0.795	28
甘肃	0.613	0.783	0.783	29
山西	0.602	0.789	0.763	30

从 2010~2019 年我国各省市装备制造业对生产性服务业的带动效率均值情况来看，上海市的均值为 1，已达到生产前沿，处于第一行列。广东省、江苏省、山东省、浙江省排名分列第 2~5 位，这几个省各项指标在全国排名比较靠前，已十分接近生产性前沿，都超过了 0.9，整体处于第二行列。北京市、福建省、河南省、河北省的效率值超过了 0.8，分列第 7~10 名，同前几个省市相比存在一定的差距，处于第三行列。重庆市、江西省、新疆自治区、辽宁省、广西自治区、海南省、四川省、湖北省、青海省、安徽省的效率值超过了 0.7，位列第 11~19 位，处于第四行列。湖南省、黑龙江省、内蒙古自治区、海南省、云南省、陕西省、宁夏自治区、吉林省、贵州省、甘肃省、山西省的效率值超过了 0.6，位列第 20~30 位，处于第五行列。

另外，从我国区域分布的角度分析，东部沿海的山东省、上海市、广东省、江苏省、浙江省等地区的平均效率值超过了 0.9，显著高于中部和西部地区（其中西部地区普遍均处于超低状态）。生产性服务业对装备制造业的支撑效率排名前六位地区全部位于东部地区，该地区的其他省份排名也都比较高。中部省份中，河南省、江西省的排名比较靠前，其他省份则基本处于中部位置。西部省份的整体排名比较靠后，除重庆市、新疆自治区外，基本都处于最后的位置。

5.6　本章小结

　　本章采用 DEA 方法以及其多项模型结合表格显著数据对比对我国装备制造业同生产性服务业的产业融合效率进行评价，分别从静态分析和动态分析的角度，对我国生产性服务业对装备制造业的支撑效率，以及我国装备制造业对生产性服务业的带动效率进行评价，主要研究结论如下：

　　我国生产性服务业对装备制造业的支撑效率 10 年的均值为 0.8002，同生产可能性前沿有着较大的差距，还有很大的提升空间，国家仍需进一步完善。生产性服务业对装备制造业的支撑效率的技术效率均值为 0.8628，规模效率均值为 0.9275，可见技术效率水平较低是制约我国生产性服务业对装备制造业的支撑效率的主要原因。技术进步和综合技术效率的增长率分别为 6% 和 −0.1%，其中综合技术效率分解后得到的纯技术效率和规模效率的增长率分别为 1.4% 和 −0.1%，可见纯技术效率和技术进步是我国生产性服务业对装备制造业的支撑效率提升的主要因素。

　　我国各省生产性服务业对装备制造业之间的支撑效率有很大差异。上海市、广东省、山东省、江苏省达到最优状态的年份比较多，这几个省份其他年份的效率值也都基本接近于 1，其他省份有中等水平也有超低水平。从我国区域分布的角度分析，东部沿海的山东省、上海市、广东省、江苏省、浙江省、福建省等地区的平均效率值超过了 0.9，显著高于中部和西部地区。生产性服务业对装备制造业的支撑效率排名前六位的地区全部位于东部地区，该地区的其他省份排名也都比较高。中部省份中，河南省、江西省、湖北省的排名比较靠前，其他省份则基本处于中部位置。西部省份的整体排名比较靠后，除新疆自治区、重庆市外，基本都处于最后的位置。

　　我国装备制造业对生产性服务业的带动效率 10 年的均值为 0.792，同生产可能性前沿有着较大的差距。我国装备制造业对生产性服务业的带动的技术效率均值为 0.859，规模效率均值为 0.921，可见技术效率水平较低是制约我国装备制造业对生产性服务业的带动效率的主要原因。我国装备制造业对生产性服务业的带动效率的增长率为 3.9%，技术进步和综合技术效率的增长率分别为 1.6% 和 0.8%，其中综合技术效率分解后得到的纯技术效率和规模效率变动的增长率分别为 1.5% 和 −0.2%，可见纯技术效率和技术进步是我国装备制造业对生产性服务业的带动效率提升的主要因素。

　　各省装备制造业对生产性服务业的整体带动效率存在明显的地域差异。上海市、广东省、山东省、江苏省达到最优状态的年份比较多，这几个省份其他年份的效率值也都基本接近于 1。从我国区域分布的角度分析，东部沿海的山东省、上海市、广东省、江苏省、浙江省等地区的平均效率值超过了 0.9，显著高于中部和西部地区。生产性服务业对装备制造业的支撑效率排名前六位地区全部位于东部地区,该地区的其他省份排名也都比较高。中部省份中,河南省、江西省的排名比较靠前,其他省份则基本处于中部位置。西部省份的整体排名比较靠后,除重庆市、新疆自治区外,基本都处于最后位置。

6 我国装备制造业同生产性服务业融合效率收敛性分析

6.1 收敛性检验方法

收敛性模型最初用来检验地区收入差距是否存在收敛性，即最终达到相同的稳态。

一般认为，收敛的概念源于 Solow 的新古典增长模型。该模型假定资本的边际报酬递减以及技术具有公共物品性质，由此推论：一个经济的人均收入距离其稳态水平越远，对资本的回报率越高，人均收入水平增长越快。

在经济学中，收敛性问题讨论的重点一般是关注经济的发展变动趋于收敛的这一过程，因此在收敛性的研究中强调动态性，即经济发展趋于某种稳定状态的动态过程，最终稳定状态是一种"理想状态"，由于经济时常受到诸多的未知因素影响，因此这种状态一般很难达到，但已有研究仍然聚焦于这一趋近稳定状态的过程。收敛性检验被广泛应用到贸易和环境领域。

在对现有相关研究文献梳理后发现，收敛问题被概括为三种假说：σ-收敛、β-收敛与俱乐部收敛。这三种收敛方式的含义各不相同。在区域经济收敛性的实证研究中，σ-收敛被解释为不同地区之间人均收入的离差随时间推移而趋于减小的过程，它是对产出存量水平的描述。β-收敛是指初始经济水平低的地区比经济水平高的地区具有更高的人均增长率，因而经过一段时间的发展，落后地区就会赶上发达地区，达到以同样速度稳定发展的收敛状态。β-收敛又包含条件收敛与绝对收敛两种情况，其中条件 β-收敛是指当控制了一系列其他影响因素后，不同地区间呈现收敛现象；绝对 β-收敛则指即使不控制这些条件因素，地区间也呈现出收敛的现象。β-收敛是 σ-收敛的必要条件，即要想使不同地区间人均收入水平最终趋于相同，必须保证落后地区有着比先进地区更快的收入增长率。但大量的研究发现，全地区的 β-收敛往往无法实现，而经济更多地表现为具有相似结构特征的地区间趋于收敛，即落后地区与发达地区内部各自存在着收敛现象，而这两类地区间往往并不收敛，这种地区间的收敛被称为俱乐部收敛。俱乐部收敛是指在初期经济发展水平相近的经济集团内部，增长速度和发展水平趋同，而集团间的差异仍会存在。

在本书的研究中，上述三种收敛方式中的 σ-收敛是标准差的分布状况的分析指标。以装备制造业同生产性服务业融合效率为例，当标准差随时间逐渐减小时就是σ-收敛。存在σ-收敛意味着各地区的产业融合效率将越来越接近，地区之间的差距将越来越小。同时σ-收敛和绝对β-收敛都属于绝对收敛的概念。因此本章就只对装备制造业同生产性服务业融合效率的绝对β-收敛性进行检验。

这里，绝对β-收敛是指各地区的装备制造业同生产性服务的融合效率最终会达到完全相同的稳定增长状态，即目前融合效率水平较低的地区通过提高融合的水平最终能够追赶上领先地区。而条件β-收敛是指各地区的装备制造业同生产性服务业的融合效率会有不同的稳态，即各地区之间的差距不会消失。本节采用收敛检验法，对我国各省市装备制造业对生产性服务业的带动效率以及生产性服务业对装备制造业的支撑效率进行分析，检验我国装备制造业同生产性服务的融合效率是否存在趋同性。

绝对收敛的回归等式也很简单，在经济区域研究中，绝对β-收敛指每一个经济体的收入都会达到完全相同的稳态增长速度和增长水平，即增长率g对常数项c和初始收入水平$\ln y_0$进行回归，初始收入水平$\ln y_0$的回归系数β显著为负就表明存在绝对β-收敛。本节也采用该回归等式（见式（6-1））检验绝对β-收敛。

$$g = c + \beta \ln y_0 + \varepsilon \qquad (6-1)$$

在检验我国各省市装备制造业同生产性服务业融合效率时，式（6-1）中的g为装备制造业同生产性服务业融合效率的增长率，c为常数项，y_0为初始的效率水平，ε为随机扰动项。当系数β为显著性负数时，表明装备制造业同生产性服务业融合效率存在效率收敛，我国各省市之间装备制造业同生产性服务业的融合效率会趋同；如果系数β为显著性正数时，表明各省市之间装备制造业同生产性服务业的融合效率不存在效率收敛，地区之间的差距不仅不会缩小，反而还有进一步扩大的可能性。

如果计算出的β值显著，即我国各省市的装备制造业同生产性服务业之间的融合效率呈绝对性收敛，则可进一步计算出落后地区追赶领先地区所需的时间。潘文卿（2010）在对我国区域经济差异与收敛性分析中，提出了收敛速度和追赶时间的概念。他在文中表示根据收敛系数β的估计值，可计算出收敛速度θ以及用收敛的半生命周期τ表示的落后地区追赶上发达地区所需的时间，其中追赶时间是指落后地区追赶上领先地区所需的时间。收敛速度和追赶时间的计算公式如下：

$$\theta = -\frac{\ln(1+\beta)}{t} \qquad (6-2)$$

$$\tau = \frac{\ln 2}{\theta} \qquad (6-3)$$

　　同理，如果我国各省市生产性服务业对装备制造业的支撑效率存在着绝对的收敛性，那么就可以根据式（6-3）求出生产性服务业对装备制造业支撑效率的追赶时间。同样的，我国各省市装备制造业对生产性服务业的带动效率倘若存在绝对性收敛，则也可计算出装备制造业对生产性服务业的带动效率的追赶时间。

　　为了消除异常波动的影响，我们借鉴彭国华（2005）的做法，把整个样本时间段细分为几个较短的时间段，用每个时间段的平均值作为变量值。在这里将2010~2019 年分成两个时间区间，其中 2010~2014 年为一个时间区间，2015~2019 年为另一个时间区间。然后分别计算 2010~2014 年间各省市之间装备制造业同生产性服务业的融合效率的均值，并将其设定为初始效率值，即 y_0；将各省市 2015~2019 年装备制造业同生产性服务业的融合效率的均值作为最终效率值。将最终效率值除以初始效率值，得到各省市装备制造业同生产性服务业的融合效率的变动情况。因为两个时间区间的跨度为 4 年，所以将获得的变动情况除以 4，得到装备制造业同生产性服务业的融合效率的年均增长率，即 g。

6.2　生产性服务业对装备制造业支撑效率的收敛性分析

6.2.1　数据的预处理

　　在对生产性服务业对装备制造业的支撑效率进行收敛性分析之前，需要对第5 章获得的生产性服务业对装备制造业支撑效率的面板数据进行预处理，处理结果见表 6-1。

表 6-1　生产性服务业对装备制造业的支撑效率的数据预处理

地区	初始值	最终值	增长率	地区	初始值	最终值	增长率
北京	0.8366	0.7787	-0.0121	河南	0.8346	0.8253	-0.0111
天津	0.8958	0.8844	-0.0025	湖北	0.6460	0.6452	-0.0014
河北	0.9092	0.7701	-0.0291	湖南	0.6322	0.6289	-0.0052
山西	0.6118	0.6031	0.0022	广东	1.0000	1.0000	0.0000
内蒙古	0.6106	0.6969	0.0186	广西	0.6744	0.6773	0.0043
辽宁	0.6684	0.7795	0.0232	海南	0.7210	0.7358	0.0203
吉林	0.5552	0.5691	0.0034	重庆	0.7720	0.7833	0.0144
黑龙江	0.6462	0.6919	0.0095	四川	0.6404	0.6424	0.0032
上海	1.0000	1.0000	0.0000	贵州	0.6132	0.6092	-0.0065
江苏	1.0000	0.9717	-0.0052	云南	0.6452	0.6539	0.0135
浙江	0.9976	0.9613	-0.0074	陕西	0.7274	0.7263	-0.0015
安徽	0.6494	0.7404	0.0191	甘肃	0.6082	0.6120	0.0062
福建	0.9270	0.9234	-0.0004	青海	0.6394	0.6402	0.0013

地区	初始值	最终值	增长率	地区	初始值	最终值	增长率
江西	0.7914	0.7363	-0.0112	宁夏	0.7292	0.7745	0.0621
山东	1.0000	0.9995	0.0001	新疆	0.6422	0.6016	-0.0632

表6-1中初始值为各省市生产性服务业对装备制造业的支撑效率2005~2009年间的均值；最终值为各省市生产性服务业对装备制造业的支撑效率2010~2014年间的均值；增长率为支撑效率最终值对初始值的年均增长率。

6.2.2 全国支撑效率收敛性分析

将表6-1中数据代入式（6-1）中，就可以对全国生产性服务业对装备制造业的支撑效率是否存在绝对β收敛进行分析。本节使用SPSS19.0软件进行具体计算。

从表6-2可以看出β的值为-0.061，其P值为0.000，β值显著。这表明我国各省市生产性服务业对装备制造业的支撑效率存在绝对的收敛性，即随着时间的推移，我国各省市生产性服务业对装备制造业支撑效率最终会达到一个相同的水平，生产性服务业对装备制造业支撑效率地区之间的差异不会长期存在。使用式（6-2）和式（6-3）进一步求解落后地区对领先地区追赶所需时间。

表6-2 全国支撑效率的收敛性检验

项目		β值	T值	P值
模型	（常量）	-0.012	-2.982	0.002
	$\ln y_0$	-0.061	-4.629	0.000

上面已经计算出β的值为-0.061，在6.1节划分区间时将两个时间区间的跨度定为4年，所以t为4。将β的值和t的值代入式（6-2），计算得出θ值为0.015735464（此处为下面计算更精确，保留多位小数点），之后根据式（6-3），可求出收敛的半生命周期τ的值为44.05年。即我国各省市生产性服务业对装备制造业支撑效率的追赶时间为44.05年，即大约通过44年的追赶，我国各省市生产性服务业对装备制造业支撑效率的落后地区同领先地区之间的差异将会消失，全国各省市生产性服务业对装备制造业支撑效率将达到一个相同的稳态。

6.2.3 分地区支撑效率收敛性分析

从前文的分析可以发现，我国各省市之间生产性服务业对装备制造业支撑效率存在绝对β收敛。由于我国各区域产业融合的状况存在着较大的差异，东部地区的产业融合效率普遍较高，西部地区的融合效率较低，中部地区的产业融合效率处于二者之间，因此有必要分别对我国东部、中部和西部省市的生产性服务业对装备制造业支撑效率收敛性进行分析，进而求出各区域内部生产性服务业对装备制造业支撑效率落后地区对领先地区的追赶时间。

6.2.3.1　东部地区支撑效率收敛性分析

东部地区包括北京市、天津市、河北省、辽宁省、上海市、江苏省、浙江省、福建省、山东省、广东省和海南省等省市。使用式（6-1）对东部地区省份的支撑效率进行分析，具体结果见表6-3。

表6-3　东部地区支撑效率的收敛性检验

项　目		系数	T 值	P 值
模型	（常量）	-0.018	-2.821	0.012
	$\ln y_0$	-0.066	-3.824	0.003

从表6-3可以看出 β 的值为-0.066，其 P 值为0.003，在5%的水平上 β 值显著。这表明我国东部地区省市生产性服务业对装备制造业的支撑效率存在着绝对的收敛性，即随着时间的推移，东部地区省市生产性服务业对装备制造业支撑效率最终会达到一个相同的水平，生产性服务业对装备制造业支撑效率的地区之间差异不会长期存在。使用式（6-2）和式（6-3）进一步求解东部地区落后省市对领先省市追赶所需时间。

计算得到东部地区各省市生产性服务业对装备制造业支撑效率的追赶时间为41.25年，即大约通过41年的追赶，我国东部地区生产性服务业对装备制造业支撑效率的落后省市同领先省市之间的差异将会消失，我国东部地区各省市生产性服务业对装备制造业支撑效率将达到一个相同的稳态。

东部地区生产性服务业对装备制造业支撑效率的收敛性同全国的平均水平基本一致，东部地区各省市之间的差异较大。东部地区支撑效率较高的省市是上海市、江苏省等地，支撑效率水平较低的省份是海南省、辽宁省等地。因此，应当进一步加大海南省、辽宁省等地发展生产性服务业的支持力度，加快这些地区生产性服务业的发展速度；对于一些服务化水平高、生产技术完善的市场力量，通过区域间、产业间企业整合和收购，实现市场规模扩大，集聚水平提高；生产性服务业企业自身应不断提高高端服务水平，提供个性化定制、全生命周期管理、智能化售后服务等，不断催生出新产品以及新的服务形式，据此形成企业产品和服务的不可替代性，实现企业的专有优势，以此通过生产性服务业的发展带动装备制造业的发展，实现区域经济的协同发展。

6.2.3.2　中部地区支撑效率收敛性分析

中部地区包括山西省、吉林省、黑龙江省、安徽省、江西省、河南省、湖北省和湖南省等省。使用式（6-1）对中部地区各省市的生产性服务业对装备制造业的支撑效率进行分析，具体结果见表6-4。

表6-4　中部地区支撑效率的收敛性检验

项目		系数	T值	P值
模型	（常量）	−0.023	−4.102	0.002
	$\ln y_0$	−0.039	−5.910	0.000

从表6-4可以看出 β 的值为−0.039，其 P 值为0.000，β 值显著。这表明我国中部地区各省市生产性服务业对装备制造业的支撑效率存在着绝对的收敛性，即随着时间的推移，中部地区省市生产性服务业对装备制造业支撑效率最终会达到一个相同的水平，生产性服务业对装备制造业支撑效率的地区之间差异不会长期存在。使用式（6-2）和式（6-3）进一步求解中部地区落后省市对领先省市追赶所需时间。

计算得到中部地区各省市生产性服务业对装备制造业支撑效率的追赶时间为64.62年，即大约通过65年的追赶，我国中部地区生产性服务业对装备制造业支撑效率的落后省市同领先省市之间的差异将会消失，我国中部地区各省市生产性服务业对装备制造业支撑效率将达到一个相同的稳态。

中部地区省市之间支撑效率的差异性较大，这是由于中部省市之间生产性服务业同装备制造业的发展水平存在着较大的差异。在中部省份中，河南省的支撑效率水平较高，最终均值达到了0.85，而同时期同为中部省份的吉林省最终均值仅为0.56。因此，中部地区省市更应注重生产性服务业和装备制造业的协同发展。如吉林省是我国的装备制造业大省，其工业产值的增加主要甚至可以说绝大部分是通过装备制造业产值的增长来实现的。吉林省装备制造业的发展对促进其工业发展具有显著的作用，但长期以来其生产性服务业发展缓慢，限制了生产性服务业对装备制造业的支撑效率的提升。针对类似吉林省这一现状，可以有针对性的加大物质资本投入，因为根据国内外的研究结果可以发现物质资本投入是提高装备制造业与生产性服务业产业耦联协调度的关键因素之一。近年来，政府通过政策引领，加大了全社会对生产性服务业的物质资本投入，但是吉林省生产性服务业与装备制造业的物质资本投入之间的差距仍然较大，与先进省份相比，生产性服务业与装备制造业的物质资本投入均显不足。对此，政府应该继续加大政策扶持力度，加大本省生产服务业的资本投入，给予各装备制造业、生产性服务业以税率优惠，加大财政补贴力度，推出完善的金融服务，使企业能够有效利用贷款、融资租赁等金融性服务，加大本企业的物质资本投入，促进装备制造业与生产性服务业的物质资本的更新换代。另外，也可以优化营商环境、吸引外资注入本省装备制造业与生产性服务业，为本省装备制造业与生产性服务业提供更为先进的技术、设备以及管理经验，促进本省的装备制造业与生产性服务业共同发展，进一步提高两者之间的融合度。

6.2.3.3 西部地区支撑效率收敛性分析

西部地区包括内蒙古自治区、广西壮族自治区、重庆市、四川省、贵州省、云南省、陕西省、甘肃省、青海省、宁夏回族自治区和新疆维吾尔自治区等省市。使用式（6-1）对东部地区各省份的生产性服务业对装备制造业支撑效率进行分析，具体的检验结果见表6-5。

表 6-5 西部地区支撑效率的收敛性检验

项　目		系数	T 值	P 值
模型	（常量）	-0.070	-6.231	0.000
	$\ln y_0$	-0.170	-6.056	0.000

从表6-5可以看出 β 的值为-0.170，其 P 值为0.000，β 值显著。这表明我国西部地区省市生产性服务业对装备制造业的支撑效率存在着绝对的收敛性，即随着时间的推移，西部地区省市生产性服务业对装备制造业支撑效率最终会达到一个相同的水平，生产性服务业对装备制造业支撑效率地区之间的差异不会长期存在。使用式（6-2）和式（6-3）进一步求解西部地区落后省市对领先省市追赶所需时间。

计算得到西部地区各省市生产性服务业对装备制造业支撑效率的追赶时间为17.06年，即大约通过17年的追赶，我国西部地区生产性服务业对装备制造业支撑效率的落后省市同领先省市之间的差异将会消失，我国西部地区各省市生产性服务业对装备制造业支撑效率将达到一个相同的稳态。

西部地区省市之间生产性服务业对装备制造业支撑效率的差异较小，落后地区仅需17年左右的时间就能追赶上领先地区，这是因为西部地区省份的支撑效率整体水平较低。如西部地区支撑效率最终值最高的是重庆，为0.74，而最终值最低的省份是贵州，效率值为0.63。因此西部地区应该提升区域整体生产性服务业和装备制造业的发展水平，充分利用两种资源、两个市场，推动西部地区装备制造业国际化进程，进一步拓展多元化发展空间并且应当制定有效的产业政策，促进两个产业的产业融合。

6.3 装备制造业对生产性服务业带动效率的收敛性分析

6.3.1 数据的预处理

在对装备制造业对生产性服务业的带动效率进行收敛性分析之前，需要对第

5 章获得的装备制造业对生产性服务业带动效率的面板数据进行预处理，处理结果见表 6-6。表中初始值为各省市装备制造业对生产性服务业的带动效率 2010～2014 年间的均值。最终值为各省市装备制造业对生产性服务业的带动效率 2015～2019 年间的均值。增长率为带动效率最终值对初始值的年均增长率。

表 6-6　装备制造业对生产性服务业的带动效率的数据预处理

地区	初始值	最终值	增长率	地区	初始值	最终值	增长率
北　京	0.8046	0.8176	0.0033	河　南	0.8980	0.8246	-0.0184
天　津	0.8506	0.9122	0.0154	湖　北	0.6216	0.6654	0.0110
河　北	0.8788	0.8324	-0.0116	湖　南	0.6290	0.6438	0.0037
山　西	0.5998	0.6162	0.0041	广　东	1.0000	1.0000	0.0000
内蒙古	0.6374	0.6214	-0.0040	广　西	0.6686	0.6818	0.0033
辽　宁	0.7604	0.6542	-0.0266	海　南	0.6584	0.7264	0.0170
吉　林	0.6196	0.6096	-0.0025	重　庆	0.7412	0.7208	-0.0051
黑龙江	0.6802	0.6528	-0.0068	四　川	0.6482	0.6654	0.0043
上　海	1.0000	1.0000	0.0000	贵　州	0.6382	0.6348	-0.0008
江　苏	0.9772	0.9956	0.0046	云　南	0.6582	0.7074	0.0123
浙　江	0.9752	0.9880	0.0032	陕　西	0.7246	0.7304	0.0015
安　徽	0.6776	0.7246	0.0118	甘　肃	0.6046	0.5884	-0.0041
福　建	0.8892	0.9430	0.0135	青　海	0.6506	0.6500	-0.0002
江　西	0.7372	0.7768	0.0099	宁　夏	0.6406	0.5690	-0.0179
山　东	0.9994	1.0000	0.0002	新　疆	0.7384	0.8156	0.0193

6.3.2　全国带动效率收敛性分析

将表 6-6 中数据代入式（6-1）中，就可以对全国装备制造业对生产性服务业的带动效率是否存在绝对 β 收敛进行分析。本节使用 SPSS19.0 软件进行具体计算。

从表 6-7 可以看出 β 的值为 -0.003，但其 P 值为 0.765，β 值不显著。这表明我国各省市装备制造业对生产性服务业的带动效率不存在绝对的收敛性，即随着时间的推移，我国各省市装备制造业对生产性服务业的带动效率最终不会达到一个相同的水平，装备制造业对生产性服务业带动效率地区之间的差异将会长期存在。

表 6-7　全国带动效率的收敛性检验

项　　目		系数	T 值	P 值
模型	（常量）	0.000	0.088	0.928
	$\ln y_0$	−0.003	−0.249	0.765

6.3.3　分地区带动效率收敛性分析

6.3.3.1　东部地区带动效率的收敛性分析

从前文的分析可以发现，我国各省份之间装备制造业对生产性服务业的带动效率不存在绝对 β 收敛。为了进一步验证我国各区域装备制造业对生产性服务业的带动效率是否具有收敛性，分别对我国东部、中部和西部省份带动效率的收敛性进行分析。使用式（6-1）对东部地区省份的带动效率进行分析，具体的东部地区带动效率的收敛性检验结果见表 6-8。

表 6-8　东部地区带动效率的收敛性检验

项　　目		系数	T 值	P 值
模型	（常量）	0.007	0.215	0.857
	$\ln y_0$	−0.004	−0.189	0.868

从表 6-8 可以看出 β 的值为−0.004，其 P 值为 0.868，β 值不显著。这表明我国东部地区省市装备制造业对生产性服务业的带动效率不存在绝对的收敛性，即随着时间的推移，东部地区各省市装备制造业对生产性服务业的带动效率最终不会达到一个相同的水平，装备制造业对生产性服务业带动效率地区之间的差异会长期存在。

东部地区包括北京市、天津市、河北省、辽宁省、上海市、江苏省、浙江省、福建省、山东省、广东省和海南省共 11 个省市。各省份装备制造业的发展水平存在较大的差异，辽宁省、上海市、天津市等地是我国传统的装备制造业基地，有着较为深厚的装备制造业发展基础。尤其天津市，装备制造业作为天津市的支柱产业之一，为市政府财政收入提供重要来源，在吸纳就业，支撑天津市工业经济，拉动全市经济发展方面做出了重要贡献。而且，经过多年的飞速发展，天津市的装备制造业取得了显著成果，不仅在量的方面有巨大的资产积累，而且产业结构也在不断优化，形成了具有相当竞争力的装备制造业产业体系，在全国装备制造业中占有重要地位。与此同时，海南省、福建省等省装备制造业的发展水平较低，多数企业长期处于产业价值链国际分工的低端位置。装备制造业是资金、技术密集型行业，有着很强的进入门槛，因此相对落后地区很难在短时间内有显著的提高。同时从国家的产业布局角度来看，装备制造业也不是这些省份未来发展的主要方向。这些原因都导致了我国东部地区装备制造业对生产性服务业的带动效率不存在绝对收敛性，这种差距还将继续存在。

6.3.3.2 中部地区带动效率的收敛性分析

在对我国东部地区各省份装备制造业对生产性服务业的带动效率进行分析后，进一步对我国中部地区的带动效率的收敛性进行分析，具体的分析结果见表6-9。

表6-9　中部地区带动效率的收敛性检验

项　　目		系数	T 值	P 值
模型	（常量）	−0.032	−1.642	0.149
	$\ln y_0$	−0.056	−3.496	0.003

从表6-9可以看出 β 的值为−0.056，其 P 值为0.003，β 值显著。这表明我国中部地区各省市装备制造业对生产性服务业的带动效率存在绝对的收敛性，即随着时间的推移，中部地区各省市装备制造业对生产性服务业的带动效率最终会达到一个相同的水平，装备制造业对生产性服务业带动效率地区之间的差异不会长期存在。

计算得到中部地区各省市装备制造业对生产性服务业的带动效率的追赶时间为48.11年，也就是大约通过48年的追赶，我国中部地区装备制造业对生产性服务业带动效率落后的省市同领先省市之间的差异将会消失，我国中部地区各省市装备制造业对生产性服务业的带动效率将达到一个相同的稳态。

中部地区省份之间带动效率的差异性较大，这是由于中部省市之间装备制造业同生产性服务业的发展水平存在着较大的差异。在中部省份中，河南省的带动效率水平较高，最终均值达到了0.86，而同时期同为中部省份的吉林省最终均值仅为0.64。因此，中部地区省市更应注重生产性服务业和装备制造业的协同发展。近年来河南省加快了装备制造业的发展速度，引进了以富士康为代表的一大批制造业企业，并极大地促进了地区生产性服务业的发展。与之相反，吉林省作为我国装备制造业的传统大省，近年来由于缺乏创新能力，其装备制造业的行业竞争力逐年下滑。有数据显示，吉林省在2009~2017年期间装备制造业产业增加值取得了巨大的进步，但自2011年开始，吉林省制造业产业增加值的增长比率开始不断下降，甚至在2015年出现了负增长，虽2016年开始出现正向调整，但是增长比率也不显著。这说明吉林省装备制造业增长放缓，高质量快速发展成为吉林省装备制造业目前急需要解决的问题。

6.3.3.3　西部地区带动效率的收敛性分析

对我国西部地区装备制造业对生产性服务业带动效率的收敛性进行分析，具体分析结果见表6-10。

表6-10　西部地区带动效率的收敛性检验

项　　目		系数	T值	P值
模型	（常量）	-0.563	-15.231	0.000
	$\ln y_0$	-0.067	-7.269	0.000

从表6-10可以看出β的值为-0.067，其P值为0.000，β值显著。这表明我国西部地区省市装备制造业对生产性服务业的带动效率存在绝对的收敛性，即随着时间的推移，西部地区省市装备制造业对生产性服务业的带动效率最终会达到一个相同的水平，装备制造业对生产性服务业的带动效率的地区之间差异不会长期存在。

计算得到西部地区各省市装备制造业对生产性服务业带动效率的追赶时间为39.97年，也就是大约通过40年的追赶，我国西部地区装备制造业对生产性服务业带动效率落后的省市同领先省市之间的差异将会消失，我国西部地区各省市装备制造业对生产性服务业的带动效率将达到一个相同的稳态。

西部地区省份之间装备制造业对生产性服务业带动效率的差异相对较小，落后地区需46年左右的时间就能追赶上领先地区，这是因为西部地区省份的带动效率整体水平较低。除新疆维吾尔自治区外，其他所有省份装备制造业对生产性服务业的带动效率最终值均在0.75以下。因此西部地区应该提升区域整体生产性服务业和装备制造业的发展水平，完善西部地区的信息通讯与交通基础设施，降低生产性服务业与装备制造业融合的经营成本；加大对高等教育的扶持，加大人力资本投入，建立健全引进和留住高等教育人才的政策机制；优化城市公共服务水平，使生产性服务业与装备制造业乃至全社会行业在竞争有序的城市环境中发展，鼓励各类知识技术的创新，并且制定有效的产业政策，促进两个产业的产业融合。

6.4　本章小结

本章使用收敛性分析方法对我国生产性服务业对装备制造业的支撑效率，以及我国装备制造业对生产性服务业的带动效率是否具备收敛性进行了检验。通过研究得到以下结论。

首先，我国各省市生产性服务业对装备制造业的支撑效率存在绝对的收敛性，全国各省市生产性服务业对装备制造业支撑效率最终会达到一个相同的水平。我国各省市生产性服务业对装备制造业支撑效率的追赶时间为 44.05 年，即大约通过 44 年的追赶，我国各省市生产性服务业对装备制造业支撑效率落后的地区同领先地区之间的差异将会消失。

其次，从分地区的角度来看，我国各地区省份的生产性服务业对装备制造业支撑效率均存在绝对收敛。其中东部地区省市生产性服务业对装备制造业的 β 的值为-0.066，其 P 值为 0.033，在 5% 的水平上 β 值显著。东部地区各省市生产性服务业对装备制造业支撑效率的追赶时间为 41.25 年。中部地区各省市生产性服务业对装备制造业支撑效率 β 值为-0.039，其 P 值为 0.000，β 值显著。中部地区各省市生产性服务业对装备制造业支撑效率的追赶时间为 64.62 年。西部地区省市生产性服务业对装备制造业的支撑效率 β 的值为-0.170，其 P 值为 0.000，β 值显著。西部地区各省市生产性服务业对装备制造业支撑效率的追赶时间为 17.06 年。

我国东、中、西部内部生产性服务业对装备制造业支撑效率存在差异。其中，中部地区省份内部的差异最大。中部省份中的黑龙江省、吉林省隶属于东北地区，众所周知，东北地区作为老工业基地，其以制造业为主的产业结构，以及传统经济体制的深刻影响，导致其生产性服务业发展水平相对较低。另外，东北地区生产性服务业不仅总体规模相对偏小，而且缺乏具有核心竞争力的大型企业或企业集团，发展比较落后。所以，其收敛的追赶时间必然最长。东部地区虽然整体支撑水平较高，但内部省份之间的差距同样较大。就辽宁省来说，辽宁省的生产性服务业发展层次较低，集聚水平不高，行业内企业核心竞争力不足，难以与装备制造业深度融合以满足生产高端化、个性化、多样化的产品的需求。而且现在辽宁省区域内生产性服务业起步晚，缺乏人才引进。相关行业内高素质、专业化人才的不足导致人为资源的短板，不足以更好地为与装备制造业融合提供技术人才和创新人才，高层次人才的匮乏将会阻碍装备制造业与生产性服务业的融合发展，同时，如果没有优质的人力资源，就难以推动生产性服务业为装备制造业提供更加高端化的产品。综上所述，类似于辽宁省发展现状的地区，同其他生产性服务业发展水平较好的省市相比其追赶时间也会很长。西部地区省市虽然整体支撑水平较低，但内部差异较小，比如重庆市紧跟国家西部大开发战略的成功实施，工业化和信息化步伐均稳步向前推进，对第三产业的发展越来越快，特别是服务业，而且在当前复杂多变的宏观经济环境下，西部各省市之间各行业经济增长值较为稳定，因此其收敛的追赶时间最短。

再次，我国各省市装备制造业对生产性服务业的带动效率不存在绝对的收敛性，β 的值为-0.003，但其 P 值为 0.765，β 值不显著。这表明随着时间的推移，全国各省市装备制造业对生产性服务业的带动效率最终不会达到一个相同的水平，装备制造业对生产性服务业带动效率地区之间的差异将会长期存在。导致这一现象的主要原因在于装备制造业作为技术、知识和资本密集型产业，其发展需要人力资源、资金、技术和知识等高附加值产业资源持续注入，使其具有高就业和高附加值的特征。从区域范围来看，我国装备制造业主要集中于长三角、珠三角和东北地区三大装备制造业基地。其中长三角地区在金属制品、交通运输设备制造业、通用及专用设备制造业三个行业的工业总产值居于首位；珠三角地区在电气机械及器材制造业、仪器仪表及文化办公用机械制造业、通信设备与计算机及其他电子设备制造业三个行业的工业总产值居于首位；而东北老工业基地仅在交通运输设备制造业、通用及专用设备制造业排在第二位，其他行业均位居末位。从欧美国家的经验来看，装备制造业发展落后地区同领先地区之间的差距很难消失，而我国东、中、西部装备制造业的发展水平又存在显著的差异，因此我国装备制造业对生产性服务业的带动效率不存在绝对的收敛性。

最后，我国东部地区省市装备制造业对生产性服务业的带动效率不存在绝对的收敛性，其 β 的值为 -0.004，其 P 值为 0.868，β 值不显著。我国中部地区省市装备制造业对生产性服务业的带动效率存在绝对的收敛性，其 β 的值为 -0.039，其 P 值为 0.005，β 值显著。中部地区各省市装备制造业对生产性服务业的带动效率的追赶时间为 48 年。我国西部地区省市装备制造业对生产性服务业的带动效率存在着绝对的收敛性，其 β 的值为 -0.067，其 P 值为 0.000，β 值显著。西部地区各省市装备制造业对生产性服务业的带动效率的追赶时间为 39.97 年。

检测我国三大区域中各省市装备制造业对生产性服务业的带动效率是否存在绝对性收敛，结果显示，只有东部地区各省市装备制造业对生产性服务业的带动效率不存在绝对的收敛性。东部地区内各省市装备制造业的发展水平差异过大是导致其不存在收敛性的原因。作为振兴东北老工业基地的重点区域，辽宁省的装备制造业发展水平在东部地区占有较好的优势。辽宁省装备制造业主要以重型装备为主，主要地市已发展成装备制造业核心区域，其中大型企业实力不断增强，华晨汽车集团、沈阳机床等都具有较强的发展潜力和后劲。类似这种情况，造成了东部地区各省市间装备制造业发展不均衡，甚至差距过大。应当针对东部地区间装备制造业发展水平差异过大采取应对措施缩小差距。东部地区在土地、资源与劳动力紧张的情况下，要提升装备制造业的产业结构，加快装备制造业科技人才的培养，提高装备制造业的自主创新能力与科技含量，多生产资本密集型与技术密集型的高端产品，另外更要努力缩小各省份间的装备制造业差距，与此同时也要努力缩小区域内部的发展差距，促进区域经济协调发展。

我国中部、西部地区各省份装备制造业对生产性服务业的带动效率存在收敛性。这是因为这两大区域虽然整体装备制造业的发展水平有限，但其内部装备制造业发展水平差异也有限。就中部地区装备制造业来说，中部地区各省在发展装备制造业方面形成了"你追我赶"的竞争态势,早在"十二五"时期,中部地区就形成了针对装备制造业发展的产业规划。例如,河南省重点发展电子信息、生物、节能环保、新材料、新能源、高端装备制造、新能源汽车七大新兴产业;湖南省的先进装备制造、新材料、文化创意三大产业成为支柱产业,生物、新能源、信息和节能环保四大产业成为先导产业;湖北省大力发展新一代信息技术、高端装备制造、生物、新能源、节能环保、新材料、新能源汽车等高技术产业和战略性新兴产业;安徽省的电子信息、节能环保、新能源、生物医药、高端装备制造、新材料、新能源汽车、公共安全等产业的发展加快形成了先导性、支柱性产业;江西省的主导产业是超常规发展新能源、新材料、新动力汽车、民用航空、生物医药等战略性新兴产业,以及依托核电、大飞机等重大建设工程发展现代装备制造和相关配套产业;山西省意在发展壮大现代装备制造业、现代煤化工、新型材料工业、特色食品工业等新兴产业,并将其培育成重要的支柱产业。由以上可以看出中部地区内部装备制造业的发展和竞争形势形成了地区之间经济的共同发展。在这种情况下应该针对各地区不同的发展问题有针对性地制定解决政策,同时必须抓住机遇,发挥自身资源优势,大力发展资源型与劳动密集型的装备制造业,最终实现各区域间的融合。

西部地区的装备制造业多发轫于三线建设时期,多服务于国防建设,后通过军转民,也发展了一些民用的装备制造业。西部地区的装备制造业在一开始就具有明显的国防化特征,是以国防科技工业为先导的,历史上曾为开发西部和国防安全做出了重要贡献。改革开放以后,西部地区的装备工业积极转型,特别是通过军转民,赢得了更为广阔的发展空间,逐步壮大了西部地区装备制造业的规模。西部地区装备制造业今后应积极推进西部地区装备制造业投资渠道的多元化,在保障国防安全和符合国家产业政策的前提下,鼓励民间资本、外资进入,通过借力发展,拓宽装备制造业的投融资渠道。

以上是对我国装备制造业同生产性服务业融合效率的收敛性分析过程,不仅进行了总体检验,而且也进行了分区域检验,并对检验结果进行了具体分析,在各区域寻求发展、缩小内部差距的同时,也可以按照优势互补、互利互惠、共同发展的原则,加强与其他区域之间的经济技术交流与合作,最终实现共同发展,并进一步促进我国整体上的装备制造业同生产性服务业的融合。

7 提升我国生产性服务业与装备制造业产业融合的政策建议

7.1 打破行业壁垒促进产业融合

从我国装备制造业和生产性服务业融合水平的分析来看，目前我国装备制造业各部门同生产性服务业各部门的融合水平还有很大的提升空间。而行业壁垒的存在，是导致我国装备制造业和生产性服务业融合水平不高的主要原因。应该构建一个宽松的政策环境，打破行业之间存在的壁垒，促进我国装备制造业同生产性服务业的产业融合。

首先，要为生产性服务业营造一个优良的发展环境，这是促进两个产业融合的重要条件。近年来，我国生产性服务业发展迅猛，但仍有一些问题制约了生产性服务业取得更好的发展，其中较为突出的问题就是行业的垄断。一些行业是自然垄断，如铁路运输、邮电通讯业等，这些行业初期投资巨大，一般企业很难进入；另一些行业是行政垄断，如金融保险、信息等行业，由于政府政策的限制，我国生产性服务业整体发展水平不高。因此，应当采取相应措施，打破生产性服务业的行业垄断，推进我国生产性服务业的市场化进程，特别是在某些处于垄断状态的行业，应当逐渐废弃相关的政策束缚，建立有利于市场充分竞争的外部环境，促进我国生产性服务业更好、更快的发展，并使之成为带动我国经济腾飞的新的经济增长点。

其次，要打破行业垄断，促进装备制造业和生产性服务业的发展。政府可以对实施产业融合效果显著的企业给予一定的税收减免，在企业融资、申请贷款等时给予一定的优惠政策，设立专项的发展基金，为两个产业的融合发展提供强有力的资金支持。同时要深化行政审批制度的改革，简化审批流程，提高审批效率，对于好的项目建立快捷审批体系，减轻企业负担。要建立公开透明的行业监管体系，使社会资本能够真正发挥作用。

最后，政府要加大对装备制造业的科技投入和政策引导。当高端装备制造业比重逐渐增加时，其对生产性服务业的要求也越来越高，如互联网技术、物联网技术、清洁能源物流技术、在线支付技术等。通过这些核心技术的研发，带动我国装备制造业的升级，进而为两个产业的融合提供更强的动力。

因此加大我国生产性服务业的产业规模，不仅能提升我国生产性服务业的盈利水平，而且也能进一步加强我国装备制造业同生产性服务业的融合强度，进一步带动我国装备制造业的发展，实现我国产业结构的优化和升级。

7.2 优先发展生产性服务业带动产业融合

我国装备制造业和生产性服务业的增加值急需进一步提升。目前我国装备制造业的整体增加值率在20%左右的水平，同欧美工业发达国家相比还有着很大的提升空间。但我国生产性服务业的增加值率普遍较高，平均增加值率为0.485，几乎达到了50%的水平。因此要进一步提高我国装备制造业的增加值率，应当不断提高我国装备制造业同生产性服务业的产业融合强度，进而实现我国装备制造业整体的转型和升级。

首先，应加大生产性服务业的创新资金投入，不断提升服务能力。同传统行业不同，生产性服务业的创新不仅局限于技术创新，制度创新、商业模式创新同样十分重要。并且随着经济的快速发展，相关产业对生产性服务业的专业化和集成化的要求更高。而目前我国生产性服务业的发展水平，还不能做到这样的专业化。这不仅制约了生产性服务业的服务范围，而且也制约了我国装备制造业的进一步发展。特别是近年来，很多国内的装备制造业企业已经取得了很多关键的技术，但是在对外合作的过程中，由于缺乏专业的会计、法律支持，因此在与国外企业竞争时处于弱势。因此，要想进一步提升我国装备制造业的增加值水平，就要不断提升我国生产性服务业的技术能力。

其次，要加快培养高水平的生产性服务业从业人员。提升我国生产性服务业的服务能力，能够带动我国装备制造业附加值的提升，实现我国生产性服务业同装备制造业的协调发展。目前我国生产性服务业从业人员的学历普遍不高，同欧美服务业发达国家还有很大的差距，因此各企业应当继续优化人员结构，逐渐提高高学历人员的比重，同时加强对本企业现有人员的培训，不断提升员工的专业技术能力，为装备制造业企业提供更加优质的服务。高校在专业设置上，也要适应社会对生产性服务业专业人员的需求，逐渐提升生产性服务业相关专业的培养层次，扩大相关专业硕士和博士的招生比例。

7.3 加大技术创新投入强度推动产业融合

我国生产性服务业对装备制造业的支撑效率，以及装备制造业对生产性服务业的整体带动效率均有待进一步提升。从我国生产性服务业对装备制造业支撑效率的研究来看，技术效率水平较低是制约我国生产性服务业同装备制造业产业融合效率提升的主要原因。因此加大两个产业技术创新的投入和强度，对于提升两个产业融合的效率有着十分重要的作用。

首先，应制定有利于两个产业进行技术创新的政策。目前，我国对于企业组织开展技术创新的扶持政策还比较缺乏，同时企业对国家已经出台的相关政策也不够熟悉，这都造成了企业对技术创新的投入强度较低。因此国家应当出台一系列能够促进企业开展技术创新活动的鼓励政策，如对企业技术创新投入占企业收入比重较高的企业给予一定的税收减免，设立专项的技术扶持基金，为实施技术创新的企业给予资金支持。同时应积极向企业推广政府出台的扶持政策，定期组织企业就相关政策进行学习，使政府出台的扶持政策能够真正落到实处，促进企业开展技术创新活动。

其次，对实施技术创新的企业，提供更加宽松的融资环境。目前，很多企业都有融资难的问题，尤其是中小型企业，融资难不仅限制了企业规模的进一步扩大，而且也对企业的技术创新活动产生了负面的影响。技术创新活动需要企业先期投入大量研发资金，因此要制定完善的金融保障制度，鼓励商业银行向实施技术创新的企业提供贷款，扩大企业的规模，特别是提升企业的技术创新能力。同时行业内的龙头企业，要起到模范带头作用，带动行业的中小企业一同发展。政府应出台一些激励措施，对这些龙头企业进行奖励，最终实现整个行业的快速发展。

最后，企业应积极同大专院校进行合作，促进技术应用于产业化。为了能在短时间内提升技术创新能力，企业应增强同大专院校的联系，促进高等学校和科研院所的先进技术应用于企业的生产经营活动。应当成立技术共享平台，方便企业在平台上选择适宜的技术，同时也有利于高等学校和科研院所技术产业化，给予他们科研产出更高的经济回报。针对企业急需的专项技术，企业也可以设置专项的科技攻关项目，选择专业的科研机构来解决，通过技术创新来实现企业技术能力的不断提升。

7.4　缩小省份发展差距促进产业融合的协同发展

我国各省生产性服务业对装备制造业的支撑效率，以及装备制造业对生产性服务业的整体带动效率有着很大的差别，各省市之间的效率水平有着明显的地区差异。东部地区的融合效率水平普遍较高，很多省份都几乎达到了生产可能性边界。中西部地区产业融合的效率水平还比较低。中部省份中，河南省、江西省、湖北省的排名比较靠前，其他省份基本处于中部位置。西部省份的整体排名比较靠后，除新疆维吾尔自治区、重庆市外，基本都处于最后的位置。因此在产业发展和布局中，应当统筹规划，逐渐减小各省份产业融合的地区差异，促进产业融合的协同发展。

首先，国家应制定科学的产业发展规划，促进产业的合理布局和协同发展。同我国经济发展水平存在地区差异一样，我国装备制造业和生产性服务业的发展水平同样也存在着显著的地区差异。因此国家应该制定科学的产业发展规划，在东部地区避免重复项目落地，鼓励和奖励一批科技含量高、环境污染小、附加值高的产业向中西部地区转移。国家应从顶层设计的高度，对未来我国产业发展和产业布局进行思考，通过科学、有效的规划，实现我国装备制造业同生产性服务业在全国各个省份的协同发展。同时从我国装备制造业同生产性服务业融合效率的收敛性分析也可以看出，在中长期，很多省份将会达到统一的发展水平，因此采取适当的方式，加快各省产业融合发展的步伐，特别是提升落后地区产业融合效率就成为了关键，而科学的产业发展规划就是实现这一目标的有力保证。

其次，国家应当给予中西部地区更多的政策扶持。目前，国家已经出台了多项扶持中西部发展的政策，如西部大开发战略、东北振兴战略等。实践已经证明，这些国家政策和发展战略在中西部的经济、社会发展中起到了至关重要的作用。但我们也要清醒地认识到，目前我国中西部地区同东部地区还存在着巨大的差距，中西部装备制造业同生产性服务业的发展水平和融合效率均还有着很大的提升空间。因此国家应当进一步推出鼓励和帮助中西部地区产业发展的政策。特别是要鼓励高新技术产业的发展，通过先进产业的带动，实现所有产业部门的协同发展。同时广大中西部省份也要抓住国家"一带一路"的新战略，找准自己的发展定位，明确自己的发展目标和方向，早日实现对东部领先省份的追赶。

最后，产业融合效率高的省市要帮助落后省市。东部地区产业融合效率水平较高的省市要切实帮助落后省市，形成一帮一的互助形式。东部省市可以根据本省市的未来发展规划以及帮扶省市的实际发展需要，将部分装备制造业和生产性服务业产业转移到中西部落后省市。同时中西部省市也要不断向东部省市学习先进的产业发展经验，不断夯实自身的产业发展基础，加快产业发展的步伐。中西部省市要充分发挥后发优势，在国家重视中西部发展的大背景下，不断优化产业结构，加快产业升级，逐渐缩小同东部地区省市的差距，实现我国装备制造业同生产性服务业融合效率的协同发展。

7.5 以龙头企业推进产业融合

企业是构成产业的单元，要想加快我国装备制造业同生产性服务业的产业融合，就必须要树立典型龙头企业，以典型企业的跨界融合作为示范，带动更多的装备制造业和生产性服务业企业进行融合，进而实现两个产业的融合发展。以龙头企业推进产业融合有着多种的实现路径，具体实施方式如下：

首先，产业延伸模式，建设纵向全产业链。这种模式主要是围绕龙头装备制造业企业的制造生产环节，向上游的融资、咨询、设计等环节前伸，向下游的销售、售后等环节后延，构建包括融资、设计、制造、销售、维护等环节为一体的现代企业发展模式。通过打通产业链条，有效降低装备制造业企业的生产成本，同时通过同生产性服务业企业的融合，不断增强自身的市场竞争力。而生产性服务业在为装备制造业企业服务的过程中，也不断积累相关经验，为后期为其他中小型装备制造业企业提供优质服务打下坚实基础，最终实现两个产业的融合发展。

其次，服务拓展模式，建设横向全产业链。不同于纵向延伸模式，服务拓展模式是围绕龙头企业的某一单一环节进行拓展，通过产业融合的手段来实现这一环节的优化。同样以装备制造业的制造环节为例，传统生产过程中制造环节完全由企业自主实施，往往存在生产效率低、污染严重等问题。而通过与其配套的生产性服务业企业进行合作，对生产过程进行重新设计，对关键技术进行创新改造，企业就能够实现专业化、标准化、集约化等目标。因此该种企业融合模式，是以企业的单个生产过程为核心，以优化为目标的横向融合方式。

最后，企业集聚模式，建设区域全产业链。这种模式是在特定地理区域内，集中发展一批装备制造业企业和贸易、仓储、物流、质检、信息等配套的生产性服务业企业，实现农业和相关二三产业彼此配套、融合发展。如中德（沈阳）高端装备制造业产业园就以华晨宝马铁西工厂三期、发动机工厂、宝马研发中心二期工程为核心，吸引了德国西门子、德国瓦格纳、捷克达克、德国 EWS 集团、美国江森自控、美国花旗银行等相关配套企业，通过产业融合的方式将中德（沈阳）高端装备制造产业园打造成为国际化、智能化、绿色化的高端装备制造业园区，为促进辽宁省经济社会发展乃至东北地区老工业基地全面振兴发挥了积极作用。通过建设产业园的形式，以一家或多家龙头企业为核心，吸引相关配套企业进驻，在此集群集聚发展，构成多条横向和纵向产业链条，多产业交叉融合、共同推进的格局。

反过来，因产业融合而发展出的新的产业结构，也对龙头企业的战略产生较大的影响，会促进龙头企业扩大经营活动、组织规模和提升经济实力，从而加强其对市场的服务能力。而此时，企业会采取相应的战略措施加强与上下游环节的联系，或者是不同领域企业的联系，可能产生纵向的或者横向的兼并或紧密合作，从而进一步推进产业融合。同样的，企业也会因为产业融合的需要而更加注重技术创新和研发投入。而且由于处于两个产业交叉的位置会涌现出大量的发展机会，因此龙头企业也会在相应的新技术、新产品、新市场或者新的管理手段上投入更多资金和人力，从而巩固其行业中的领先地位。

参 考 文 献

[1] 中华人民共和国国家统计局.中国统计年鉴［M］.北京：中国统计出版社，2017.

[2] 中华人民共和国国家统计局.中国工业统计年鉴［M］.北京：中国统计出版社，2017.

[3] 徐东华，曾祥东，史仲光，等.中国装备制造业发展报告（2018）［M］.北京：社会科学文献出版社，2018.

[4] 刘登攀.新时代中国对外开放研究［D］.北京：中共中央党校，2019.

[5] 中华人民共和国国家统计局.中国第三产业统计年鉴［M］.北京：中国统计出版社，2017.

[6] 国务院.中华人民共和国国民经济和社会发展第十三个五年规划纲要［R］.北京：人民出版社，2016.

[7] 李美云.国外产业融合研究新进展［J］.外国经济与管理，2005，12：12~20，27.

[8] 马健.产业融合理论研究评述［J］.经济学动态，2002，5：78~81.

[9] 周振华.产业融合：新产业革命的历史性标志——兼析电信、广播电视和出版三大产业融合案例［J］.产业经济研究，2003，1：1~10.

[10] 聂子龙，李浩.产业融合中的企业战略思考［J］.软科学，2003，2：80~83.

[11] 杨仁发，刘纯彬.生产性服务业与制造业融合背景的产业升级［J］.改革，2011，1：40~46.

[12] 吴颖，刘志迎，丰志培.产业融合问题的理论研究动态［J］.产业经济研究，2004，4：64~70.

[13] 余东华.产业融合与产业组织结构优化［J］.天津社会科学，2005，3：72~76.

[14] Rosenthal. Deriving Managerial Implications from Technological Convergence along the Innovation Process：A Case Study on the Telecommunications Industry［R］.Swiss Feferal Institute of Technology，2004.

[15] Beyers W B. Producer Servicers［J］.Progress in Human Geography，2006（17）：25~32.

[16] Hansen N. The Strategic Role of Producer Servicers in Regional Development［J］.International Regional Science Review，2008（16）：102~113.

[17] Rosenberg N. Technological Change in the Machine Tool Industry：1840-1910［J］.The Journal of Economic History，1963，23：414~446.

[18] Sahal D. Technological Guideposts and Innovation Avenues［J］.Research Policy，2011，14（2）：61~82.

[19] Greenstein S，Khanna T. What Does Industry Convergence Mean［J］.Competing in An Age of Digital Convergence，2012：201~226.

[20] Raghuram E. Industry Convergence and the Transformation of the Mobile Telecommunications System of Innovation［J］.2010，14（2）：112~130.

[21] Greenstein S，Khanna T. What dose Industry Convergence Mean?［A］.In Yoffie，D（ed）：Competing in the age of digital convergence［C］.Boston，2012：201~226.

[22] Greenstein S，Khanna T. The Role of Human Capital in Economic Development：Evidence from Aggregate Cross-Country Date［J］.Journal of Monetary Economic，2013（34）：53~65.

[23] 于刃刚. 三次产业分类与产业融合趋势 [J]. 经济研究参考, 1997 (25): 46~47.

[24] 植草益. 信息通讯业的产业融合 [J]. 中国工业经济, 2001 (2): 24~27.

[25] Malhotra. Service-led Growth: The Role of the Service Sector in World Development [M]. New York: Praeger, 1986.

[26] 岭言. "产业融合发展"——美国新经济的活力之源 [J]. 工厂管理, 2011 (3): 25~26.

[27] 周振华. 产业融合: 产业发展及经济增长的新动力 [J]. 中国工业经济, 2003, 4: 46~52.

[28] 厉无畏. 文化创意产业集聚区建设——以中国文化创意产业先行区上海为例 [J]. 甘肃社会科学, 2014 (3): 1~6, 15.

[29] 聂子龙, 李浩. 纵向一体化: 理论考察与述评 [J]. 生产力研究, 2003 (6): 290~292, 295.

[30] Lind. Some Perspectives on the Geography of Services [J]. Progress in Human Geography, 2014 (13).

[31] Hacklin. Regulation in Servicers: OECD Patterns and Economic Implications [J]. OECD Economics Department Working Papers, 2001 (287): 48~62.

[32] 胡永佳. 产业融合: 横向产业研究 [J]. 中国工业经济, 2015, 2: 30~36.

[33] 张爽. 产业融合理论研究述评 [J]. 山东科技大学学报 (社会科学版), 2015, 1: 73~78.

[34] 崔纯. 中国生产性服务业促进装备制造业发展研究 [D]. 沈阳: 辽宁大学, 2013.

[35] 霍晓姝. 我国装备制造业市场势力研究 [D]. 沈阳: 辽宁大学, 2014.

[36] 韩增林, 袁莹莹, 彭飞. 东北地区装备制造业官产学创新合作网络发展演变 [J]. 经济地理, 2018, 38 (1): 103~111.

[37] 季希, 郝以宽. 黑龙江省装备制造业自主创新的财税激励政策研究 [J]. 经济研究导刊, 2016 (8): 173~174.

[38] 刘向丽, 盛新宇. 美、德、日、中四国高端装备制造业国际竞争力及影响因素比较分析 [J]. 南都学坛, 2017, 37 (3): 99~108.

[39] 王江, 陶磊. 装备制造业强国竞争力比较及价值链地位测算 [J]. 上海经济研究, 2017 (9): 78~88.

[40] 孙少勤, 邱璐. 全球价值链视角下中国装备制造业国际竞争力的测度及其影响因素研究 [J]. 东南大学学报, 2018, 20 (1): 61~147.

[41] Machlup. The Hard Structure and Soft Structure of Enterprises Network-the Case Study on IT Hardware Industry in Dongguan [R]. Proceedings of IEEE International Engineering Management Conference, 2004.

[42] Greenfield H, Greenfield H I. Manpower and the Growth of Producer Services [J]. Economic Development, 1966 (2): 163.

[43] Browning H C, Singelmann J. The Emergence of a Service Society National Technical Information Service [J]. Springfield Virginia, 1975 (22): 26~34.

[44] Marshall. Collusive Bidder Behavior at Single-Object Second-Price and English Auctions [J].

Journal of Political Economy, 1987, 95 (6): 1217~1239.

［45］ Grubel H G, Walker M A. Service Industry Growth: causes and effects ［M］. Fraser Institute, 1989.

［46］ Antinori F, Barberis D, Beusch W, et al. Results on Charm Hadroproduction From CERN Experiment WA82 ［C］// Aip Conference. American Institute of Physics, 1992: 1070~1075.

［47］ Francois J F. Producer Services, Scale, and the Division of Labor ［J］. Oxford Economic Papers, 1990, 42 (4): 715~729.

［48］ 钟韵, 孙建如. 中心城市生产性服务业与外围城市制造业的互动关系——基于上海与苏州的实证研究 ［J］. 经济问题探索, 2015, 4: 80~87.

［49］ 吴智刚, 段杰, 阎小培. 广东省生产性服务业的发展与空间差异研究 ［J］. 华南师范大学学报 (自然科学版), 2003 (3): 131~139.

［50］ 崔蕴. 上海市生产性服务业发展与城市功能提升研究 ［D］. 上海: 华东师范大学, 2005.

［51］ Marquand I. Share the Importance of Open Government ［J］. Quill, 2002 (4): 15~29.

［52］ Daniels P W. Producer Services Research in the United Kingdom ［J］. Professional Geographer, 1995 (47): 82~87.

［53］ Howells J. Intermediation and the Role of Intermediaries in Innovation ［J］. Research Policy, 2006, 35 (5): 715~728.

［54］ 顾乃华, 李江帆. 中国服务业技术效率区域差异的实证分析 ［J］. 经济研究, 2006 (1): 46~56.

［55］ 胡晓鹏, 李庆科. 生产性服务业的空间集聚与形成模式: 长三角例证 ［J］. 改革, 2008 (9): 81~88.

［56］ Choi S H, Kim H B. Analyzing Key Factors of Labour Productivity in the Regional Producer Service Industries and Directing Policy ［J］. Journal of Korea Planning Association, 2017, 52 (4): 171~186.

［57］ 矫萍. 黑龙江省生产性服务业集聚条件分析 ［J］. 边疆经济与文化, 2016 (3): 130~131.

［58］ 赵春江. 黑龙江省农业生产性服务业发展存在的问题及其对策 ［J］. 经济研究导刊, 2017 (23): 32~33.

［59］ 林婵玉. 生产性服务发展对东北三省经济增长的影响研究 ［J］. 商场现代化, 2017 (19): 183~184.

［60］ 于斌斌. 生产性服务业集聚能提高制造业生产率吗?——基于行业、地区和城市异质性视角的分析 ［J］. 南开经济研究, 2017 (2) 112~132.

［61］ 杨扬. 中国生产性服务业集聚的区域差异及其影响因素研究 ［D］. 南京: 东南大学, 2017.

［62］ Nystrom A. Who (or what) Can Do Psychotherapy: The Status and Challenge of Nonprofessional Therapies ［J］. Psychological Science, 2010, 5 (1): 8~14.

［63］ Han E J, Sohn S Y. Technological Convergence in Standards for Information and Communication Technologies ［J］. Technological Forecasting and Social Change, 2016, 106: 1~10.

［64］ Song C H, Elvers D, Leker J, et al. Anticipation of Converging Technology Areas——A Refined Approach for the Identification of Attractive Fields of Innovation ［J］. Technological Forecasting and Social Change, 2017, 116: 98~115.

［65］ Stieglitz T, Schuettler M, Schneider A, et al. Noninvasive Measurement of Torque Development in the Rat Foot: Measurement Setup and Results from Stimulation of the Sciatic Nerve with Polyimide-based Cuff Electrodes ［J］. Neural Systems & Rehabilitation Engineering IEEE Transactions on, 2003, 38 (3): 923~945.

［66］ Curran K, Furey E, Lunney T, et al. An Evaluation of Indoor Location Determination Technologies ［J］. Journal of Location Based Services, 2011, 5 (2): 61~78.

［67］ 胡汉辉, 邢华. 产业融合理论以及对我国发展信息产业的启示 ［J］. 中国工业经济, 2003, 2: 23~29.

［68］ 芮明杰, 胡金星. 产业融合的识别方法研究——基于系统论的研究视角 ［J］. 上海管理科学, 2008 (3): 33~35.

［69］ 曹玉书, 楼东玮. 资源错配、结构变迁与中国经济转型 ［J］. 中国工业经济, 2012 (10): 5~18.

［70］ Goldhar, Berg J, Peri R, et al. Enterotoxigenic Escherichia Coli, (ETEC) Isolated in the Tel-Aviv (Israel) Area ［J］. Medical Microbiology & Immunology, 1980, 169 (1): 53.

［71］ 路红艳. 生产性服务与制造业结构升级——基于产业互动、融合的视角 ［J］. 财贸经济, 2009 (9): 126~131.

［72］ Geum Y, Kim M S, Lee S. How Industrial Convergence Happens: A Taxonom Ical Approach Based on Empirical Evidences ［J］. Technological Forecasting and Social Change, 2016, 107: 112~120.

［73］ 苏毅清, 游玉婷, 王志刚. 农村一二三产业融合发展: 理论探讨、现状分析与对策建议 ［J］. 中国软科学, 2016 (8): 17~28.

［74］ Caviggioli F. Technology Fusion: Identification and Analysis of the Drivers of Technology Convergence Using Patent Data ［J］. Technovation, 2016 (5): 22~32.

［75］ 唐德淼. 产业融合发展研究: 工业 4.0 逻辑 ［J］. 南方论刊, 2016 (9): 4~6, 17.

［76］ 李晓华. 服务型制造与中国制造业转型升级 ［J］. 当代经济管理. 2017, 39 (12): 30~38.

［77］ 赵霞. 生产性服务投入、垂直专业化与装备制造业生产率 ［J］. 产业经济研究. 2017 (2): 14~26.

［78］ Kucza T. Improving Knowledge Management in Software Reuse Process ［C］ // International Conference on Product Focused Software Process Improvement. Springer-Verlag, 2011: 141~152.

［79］ 简兆权, 伍卓深. 制造业服务化的路径选择研究——基于微笑曲线理论的观点 ［J］. 科学学与科学技术管理, 2011, 32 (12): 137~143.

［80］ Baines J. Walmart's Contested Expansion in the Retail Business: Differential Accumulation, Institutional Restructuring and Social Resistance ［J］. Econstor Preprints, 2012 (7): 52~63.

［81］ 王成东, 綦良群, 蔡渊渊. 装备制造业与生产性服务业融合影响因素研究 ［J］. 工业技术经济, 2015, 34 (2): 134~142.

[82] 赵龙双. 东北地区生产性服务业与装备制造业融合模式研究 [D]. 哈尔滨：哈尔滨理工大学，2014.

[83] 何哲. 服务型制造模式下的一种新的质量观及评估维度 [J]. 生产力研究，2013 (9)：129~131.

[84] Frans Van der Zee and Felix Brandes. Manufacturing Futures for Europe- Survey of the Literature. [J]. Final Report, 2007 (9)：103~115.

[85] Jergovic A, Vucelja A, Inic B, et al. Transformation of business entities-from production to service company [J]. Technics Technologies Education Management, 2011, 6 (1)：118~127.

[86] 顾加同. 辽宁省装备制造业与生产性服务业协同度实证研究 [D]. 沈阳：辽宁大学，2015.

[87] 李婷婷，龙花楼. 基于"人口—土地—产业"视角的乡村转型发展研究——以山东省为例 [J]. 经济地理，2015, 35 (10)：149~155, 138.

[88] 王江，陶磊. 中国装备制造业"走出去"带动生产性服务业发展的影响研究——基于VAR 模型的实证分析. 国际商务 (对外经济贸易大学学报)，2016 (4)：37~45.

[89] 张婷. 辽宁省装备制造业与生产性服务业融合水平的实证研究 [D]. 沈阳：辽宁大学，2016.

[90] 王文，孙早. 制造业需求与中国生产性服务业效率——经济发展水平的门槛效应 [J]. 财贸经济，2017, 38 (7)：136~155.

[91] 梁敬东，霍景东. 影响制造业服务因素：理论、实证与建议 [J]. 财会学习，2017 (3)：1~6.

[92] 朱高峰，唐守廉，惠明，等. 制造业服务化发展战略研究 [J]. 中国工程科学，2017, 19 (3)：89~94.

[93] 王斐，东莞市生产性服务业与制造业融合模式研究 [J]，产业与科技论坛，2016, (14)：25~26.

[94] 席枫，李海飞，董春美. 生产性服务业与先进制造业协调发展关系研究——基于天津市先进制造业发展的实证分析 [J]. 价格理论与实践，2016 (4)：151~153.

[95] 刘亚清，闫洪举. 京津冀生产性服务业与制造业协同发展现状评估 [J]. 城市问题，2018 (5)：53~61.

[96] 于明远，范爱军. 生产性服务提升中国制造业国际竞争力及其区域模式差异分析 [J]. 广东社会科学，2018 (5)：52~62.

[97] 尚涛，陶蕴芳. 我国服务业区位专业化与比较优势变动——基于对称性比较优势指数与马尔可夫转移矩阵的分析 [J]. 华中科技大学学报 (社会科学版)，2011, 25 (4)：79~85.

[98] 陈建军，陈菁菁. 生产性服务业与制造业的协同定位研究——以浙江省 69 个城市和地区为例 [J]. 中国工业经济，2011 (6)：141~150.

[99] 宣烨，余泳泽. 生产性服务业层级分工对制造业效率提升的影响——基于长三角地区 38城市的经验分析 [J]. 产业经济研究，2014, 3：1~10.

[100] 刘明宇，芮明杰. 价值网络重构、分工演进与产业结构优化 [J]. 中国工业经济，2012 (5)：148~160.

[101] 李伯虎. 云制造：制造领域的云计算 [N]. 人民邮电，2010-07-21 (5).

[102] 黄莉芳. 中国生产性服务业嵌入制造业关系研究——基于投入产出表的实证分析 [J]. 中国经济问题, 2011 (1): 28~37.

[103] 乔均, 金汉信, 陶经辉. 生产性服务业与制造业互动发展研究——1997-2007 年江苏省投入产出表的实证分析 [J]. 南京社会科学, 2012 (3): 20~28.

[104] 陈晓峰. 长三角城市群生产性服务业与制造业协同集聚研究 [J]. 区域经济评论, 2017 (1): 89~96.

[105] 徐娜, 刘红菊. 天津市生产性服务业与制造业的关系研究 [J]. 经营与管理, 2017 (10): 80~83.

[106] 余沛. 河南省生产性服务业与制造业耦合协调度分析 [J]. 统计与决策, 2017 (9): 111~113.

[107] 何强, 刘涛. 我国生产性服务业与制造业协同发展研究 [J]. 调研世界, 2017 (10): 3~9.

[108] 张捷, 陈田. 产业融合对制造业绩效影响的实证研究——制造业与服务业双向融合的视角 [J]. 产经评论, 2016, 7 (2): 17~26.

[109] 赵玉林, 汪美辰. 产业融合、产业集聚与区域产业竞争优势提升——基于湖北省先进制造业产业数据的实证分析 [J]. 科技进步与对策, 2016, 33 (3): 26~32.

[110] 李晓钟, 陈涵乐, 张小蒂. 信息产业与制造业融合的绩效研究——基于浙江省的数据 [J]. 中国软科学, 2017, 1: 22~30.

[111] 李宇, 杨静. 创新型农业产业价值链整合模式研究——产业融合视角的案例分析 [J]. 中国软科学, 2017, 3: 27~36.

[112] 王志刚, 曾勇, 李平. 技术交易规则预测能力与收益率动态过程——基于 Bootstrap 方法的实证研究 [J]. 数量经济技术经济研究, 2007 (9): 122~133.

[113] 陈坤, 武立. 物联网产业系统成长演化机制研究 [J]. 上海经济研究, 2012, 24 (1): 97~104.

[114] 李楠楠. 3G 时代中国移动竞争与合作策略研究 [D]. 阜新: 辽宁工程技术大学, 2009.

[115] 孟辉. 全球电信业的发展变革趋势分析 [J]. 改革与战略, 2012, 28 (11): 64~66.

[116] 吴义杰. 产业融合理论与产业结构升级——以江苏信息产业转变发展方式为例 [J]. 江苏社会科学, 2010 (1): 248~251.

[117] 李延超. 内生、独立、融合: 生产性服务业与制造业关系的演进路径分析——基于交易费用视角 [J]. 商场现代化, 2010 (27): 119~120.

[118] Young A. The Razor'S Edge: Distortions and Incremental Reform in the People's Republic of China [J]. Quarterly Journal of Economics, 2000, 115 (4): 1091~1135.

[119] Porter. Factors Associated with the Development of Nonmetropolitan Growth Nodes in Producer Services Industries [J]. Rural Sociology, 1912 (67): 105~112.

[120] Illeris S. Producer services, Comparative Advantage, and International Trade Patterns [J]. Journal of International Economic, 1997 (42): 195~220.

[121] Senna. Technology and International Competitiveness: The Interdependence between Manufacturing and Producer Services [J]. Structure Change and Economic Dynamics, 2005, 16

（4）：489～502.

[122] 陈菁菁. 空间视角下的生产性服务业与制造业的协调发展研究 [D]. 杭州：浙江大学，2011.

[123] 王珺. 生产性服务业-贸易成本与制造业集聚：机理与实证 [J]. 经济学家，2011，2：67～75.

[124] 徐玉林. 旅游产业融合路径分析 [J]. 经济地理，2010，4：678～681.

[125] Hansen N. Factories in Danish Fields: How High-Wage, Flexible Production has Succeeded in Peripheral Jutland [J]. International Regional Science Review, 1991, 14 (2): 109～132.

[126] 闫小培，钟韵. 区域中心城市生产性服务业的外向功能特征研究——以广州市为例 [J]. 地理科学，2005（5）：27～33.

[127] 李菁，揭筱纹. 基于农业产业集群的西部城镇化发展路径研究 [J]. 天府新论，2014（2）：75～80.

[128] 袁丹，江资斌，吴倩. 基于 BP 神经网络的社会企业动态能力评价研究 [J]. 中国地质大学学报（社会科学版），2016，16（1）：153～161，172.

[129] 王琪延，徐玲. 基于产业关联视角的北京市旅游业与文化产业融合研究 [J]. 经济与管理研究，2014（11）：80～86.

[130] 吴茜茜，王世豪. 基于投入产出法的珠三角制造业与服务业融合趋势分析 [J]. 新经济，2015（28）：6～12.

[131] 谢姝琳，房俊峰. 生产性服务业产业关联效应：基于投入产出的分析 [J]. 燕山大学学报（哲学社会科学版），2011，12（2）：98～102.

[132] 胡树华，邓泽霖，王利军. 我国服务业与制造业的产业关联——基于投入产出法 [J]. 技术经济，2012，31（12）：46～51.

[133] 陈是. 新时代产业融合发展趋势：基于投入产出法的我国服务业与制造业关联度分析 [J]. 商，2016（24）：295～296.

[134] 张丁榕. 长三角地区生产性服务业与制造业的产业关联分析——基于投入产出法的分析 [J]. 石家庄经济学院学报，2013，36（2）：23～30.

[135] 陈蓉，陈再福. 福建省制造业与生产性服务业协同集聚研究 [J]. 福建农林大学学报（哲学社会科学版），2017，20（1）：37～42.

[136] 彭徽，匡贤明. 中国制造业与生产性服务业融合到何程度——基于 2010—2014 年国际投入产出表的分析与国别比较 [J]. 国际贸易问题，2019（10）：100～116.

[137] 桂黄宝，刘奇祥，郝铖文. 河南省生产性服务业与装备制造业融合发展影响因素 [J]. 科技管理研究，2017，37（11）：92～97.

[138] 赵新华. 生产性服务业带动了制造业发展吗？——基于动态两部门模型的再检验 [J]. 产业经济研究，2014，1：23～30，80.

[139] 吉亚辉，程斌. 生产性服务业与先进制造业的互动与融合——基于甘肃省投入产出表的实证分析 [J]. 西安财经学院学报，2014，27（1）：20～24.

[140] 王亚薇. 河北省旅游产业与体育产业的融合发展研究 [D]. 秦皇岛：燕山大学，2015.

[141] 张健，李沛. 京津地区现代服务业协同创新融合度评价：灰色关联分析 [J]. 现代财

经（天津财经大学学报），2016，36（1）：13~21.

[142] 冯广宜，郑耀群．基于投入产出法的生产性服务业与制造业互动程度研究——以陕西省为例［J］．生产力研究，2017（12）：107~112.

[143] 李朋林，唐珺．基于投入产出表的陕西煤炭产业关联与波及效应分析［J］．煤炭经济研究，2018，38（11）：49~53.

[144] 杨振超．淮南资源型城市可持续发展战略转型研究［D］．长沙：中南大学，2010.

[145] 李美娟，陈国宏．数据包络分析法（DEA）的研究与应用［J］．中国工程科学，2003（6）：88~94.

[146] 杨曼璐．大连市生产性服务业效率初探——基于DEA分析［J］．资源开发与市场，2012，28（1）：41~44.

[147] 翟文秀，吕天颐．基于DEA方法（数据包络分析）的山东省服务业效率分析［J］．山东商业职业技术学院学报，2014，14（5）：19~24.

[148] 范碧霞，宋秀芬．农业生产效率DEA研究文献综述［J］．安徽农业科学，2013，41（13）：6006~6007.

[149] 杨青峰．剥离环境因素的中国区域高技术产业技术效率再估计——基于三阶段DEA模型的研究［J］．产业经济研究，2014（4）：94~102.

[150] 习芸，刘玉宾．我国电子及通信设备制造业效率的数据包络分析［J］．商场现代化，2009（27）：3.

[151] 吴晓云．我国各省区生产性服务业效率测度——基于DEA模型的实证分析［J］．山西财经大学学报，2010，32（6）：72~77.

[152] 郝海岗．运用数据包络分析解析汽车产业效率［J］．汽车工业研究，2008（6）：17~19.

[153] 李菁．我国制造业区域产业结构的收敛性研究［D］．长春：吉林大学，2010.

[154] 邹坦永．制造业与生产性服务业关系演变——基于外部化-内部化的视角［J］．改革与战略，2016，32（11）：155~160.

[155] 毛甜．装备制造业经济效率与产业融合度的关系研究［D］．沈阳：东北大学，2013.

[156] 姜博．产业融合与中国装备制造业创新效率［D］．沈阳：辽宁大学，2015.

[157] 潘文卿．中国区域经济差异与收敛［J］．中国社会科学，2010（1）：72~84，222~223.

[158] 彭国华．中国地区收入差距、全要素生产率及其收敛分析［J］．经济研究，2005（9）：19~29.

[159] 朱瑞博．价值模块整合与产业融合［J］．中国工业经济，2003，8：24~31.

[160] 麻学锋，张世兵，龙茂兴，等．国外产业融合研究新进展［J］．外国经济与管理，2005，12：12，20~27.

[161] 蔡旺春，李光明．中国制造业升级路径的新视角：文化产业与制造业融合［J］．商业经济与管理，2011，2：58~63.

[162] 周鹏，余珊萍，胡凯．生产性服务业与制造业空间布局升级间相关性分析［J］．统计与决策，2011，5：93~95.

[163] 刘玉强，刘雪晖，王东梅．加快发展辽宁生产性服务业提高装备制造业的核心竞争力［J］．辽宁经济，2011，3：68~70.

[164] 左双双．天津市滨海新区典型制造业与生产性服务业的产业关联与空间关系研究［J］．

首都师范大学学报（自然科学版），2011，3：62~68.

[165] 周鹏，余珊萍．生产性服务业对制造业空间布局升级贡献的实证研究 ［J］．东南大学学报（哲学社会科学版），2011，4：68~72.

[166] 何青松，张春瑞，李泽昀．生产性服务业提升制造业产业高度的实证分析 ［J］．山东大学学报（哲学社会科学版），2011，4：100~105.

[167] 徐学军，唐强荣，樊奇．中国生产性服务业与制造业种群的共生——基于 Logistic 生长方程的实证研究 ［J］．管理评论，2011，9：152~159.

[168] 王振如，钱静．北京都市农业、生态旅游和文化创意产业融合模式探析 ［J］．农业经济问题，2009，8：14~18.

[169] 韩顺法，李向民．基于产业融合的产业类型演变及划分研究 ［J］．中国工业经济，2009，12：66~75.

[170] 陆立军，于斌斌．传统产业与战略性新兴产业的融合演化及政府行为：理论与实证 ［J］．中国软科学，2012，5：28~39.

[171] 程晓丽，祝亚雯．安徽省旅游产业与文化产业融合发展研究 ［J］．经济地理，2012，9：161~165.

[172] 贺正楚，吴艳，张蜜，等．我国生产服务业与战略性新兴产业融合问题研究 ［J］．管理世界，2012，12：177~178.

[173] 席艳乐，李芊蕾．长三角地区生产性服务业与制造业互动关系的实证研究——基于联立方程模型的 GMM 方法 ［J］．宏观经济研究，2013，1：91~99.

[174] 刘军跃，李军锋，钟升．生产性服务业与装备制造业共生关系研究——基于全国 31 省市的耦合协调度分析 ［J］．湖南科技大学学报（社会科学版），2013，1：111~116.

[175] 杜传忠，邵悦．中国区域制造业与生产性服务业协调发展水平测度及其提升对策 ［J］．中国地质大学学报（社会科学版）．

[176] 姜宏．推进生产性服务业与制造业协调发展 ［J］．中国经贸导刊，2013，9：13.

[177] 王硕．生产性服务业区位与制造业区位的协同定位效应——基于长三角 27 个城市的面板数据 ［J］．上海经济研究，2013，3：117~124.

[178] 周孝坤，刘茜．西部地区生产性服务业与制造业互动发展实证研究 ［J］．经济问题探索，2013，3：89~96.

[179] 吉亚辉，张夏娜．甘肃省生产性服务业与制造业的互动研究——基于投入产出法 ［J］．开发研究，2013，2：55~58.

[180] 贺正楚，吴艳，蒋佳林，等．生产服务业与战略性新兴产业互动与融合关系的推演、评价及测度 ［J］．中国软科学，2013，5：129~143.

[181] 楚明钦．装备制造业与生产性服务业产业关联研究——基于中国投入产出表的比较分析 ［J］．中国经济问题，2013，3：79~88.

[182] 刘宪龙．关于生产性服务业与制造业的关系：一个文献综述 ［J］．经济研究导刊，2013，10：51~53.

[183] 李同正，孙林岩，冯泰文．制造业与生产性服务业的关系研究：地区差异及解释 ［J］．财政研究，2013，5：15~19.

[184] 刘纯彬，杨仁发．中国生产性服务业发展对制造业效率影响实证分析 ［J］．中央财经

大学学报，2013，8：69~74.

[185] 汪琦．美日生产性服务业与制造业贸易绩效互动性的异同分析［J］．宏观经济研究，
2013，9：119~127.

[186] 金飞，孙月平．长三角生产性服务业与制造业集聚水平的测度与比较［J］．南通大学
学报（社会科学版），2013，5：35~41.

[187] 吴燕，盛小丰．珠海生产性服务业发展对制造业竞争力影响的实证研究［J］．特区经
济，2013，10：30~33.

[188] 杜传忠，王鑫，刘忠京．制造业与生产性服务业耦合协同能提高经济圈竞争力吗？——
基于京津冀与长三角两大经济圈的比较［J］．产业经济研究，2013，6：19~28.

[189] 陶长琪，陈文华，林龙辉．我国产业组织演变协同度的实证分析——以企业融合背景
下的我国IT产业为例［J］．管理世界，2007，12：67~72.

[190] 杨仁发．生产性服务业发展、制造业竞争力与产业融合［D］．天津：南开大
学，2013.

[191] 胡金星．产业融合的内在机制研究［D］．上海：复旦大学，2007.

[192] 张振刚，陈志明，胡琪玲．生产性服务业对制造业效率提升的影响研究［J］．科研管
理，2014，1：131~138.

[193] 陈光，张超．生产性服务业对制造业效率的影响研究——基于全国面板数据的实证分
析［J］．经济问题探索，2014，2：18~24.

[194] 江曼琦，席强敏．生产性服务业与制造业的产业关联与协同集聚［J］．南开学报（哲
学社会科学版），2014，1：153~160.

[195] 孙晓华，翟钰，秦川，等．生产性服务业集聚与制造业升级：机制与经验——来自230
个城市数据的空间计量分析［J］．产业经济研究，2014，2：32~39，110.

[196] 盛革．一个生产性服务业与制造业协同创新的机制模型［J］．特区经济，2014，
3：92~94.

[197] 潘志，李飞．日本生产性服务业与制造业联动发展经验及其启示［J］．科技促进发
展，2014，2：120~124.

[198] 陈晓峰．长三角生产性服务业与制造业的互动关系检验——基于VAR模型的动态实证
分析［J］．国际商务（对外经济贸易大学学报），2014，2：54~62.

[199] 花建．文化创意产业与相关产业融合发展的四大路径［J］．上海财经大学学报，2014，
4：26~35.

[200] 蔡媛媛，吕可文．生产性服务业与制造业互动发展研究——以河南省为例［J］．华北
水利水电大学学报（社会科学版），2016，32（5）：35~41.

[201] 吉亚辉，甘丽娟．中国城市生产性服务业与制造业协同集聚的测度及影响因素［J］．
中国科技论坛，2015，12：64~68，100.

[202] 江茜，王耀中．生产性服务业集聚与制造业竞争力［J］．首都经济贸易大学学报，
2016，18（1）：74~80.

[203] 陈赤平，刘佳洁．工业化中期生产性服务业与制造业的协同定位研究——以湖南省14
个市州的面板数据为例［J］．湖南科技大学学报（社会科学版），2016，1：90~97.

[204] 楚明钦．长三角产业区域分工与合作——基于生产性服务业与装备制造业融合的研究

[J]．云南财经大学学报，2016，1：132～140.

[205] 詹浩勇，冯金丽．西部生产性服务业集聚对制造业转型升级的影响——基于空间计量模型的实证分析 [J]．技术经济与管理研究，2016，4：102～109.

[206] 宋小娜，孙凯．生产性服务业发展与制造业发展战略选择的几点思考 [J]．经济研究导刊，2016，5：51～52.

[207] 余泳泽，刘大勇，宣烨．生产性服务业集聚对制造业生产效率的外溢效应及其衰减边界——基于空间计量模型的实证分析 [J]．金融研究，2016，2：23～36.

[208] 陈晓华，刘慧．生产性服务业融入制造业环节偏好与制造业出口技术复杂度升级——来自34国1997-2011年投入产出数据的经验证据 [J]．国际贸易问题，2016，6：82～93.

[209] 庞德良，苏宏伟．日本生产性服务业与制造业产业升级的内生与联动效应分析 [J]．亚太经济，2016，3：60～67.

[210] 李霞，盛晴，卞靖．以生产性服务业促进制造业升级 [J]．宏观经济管理，2016，5：34～36，54.

[211] 刘叶，刘伯凡．生产性服务业与制造业协同集聚对制造业效率的影响——基于中国城市群面板数据的实证研究 [J]．经济管理，2016，6：16～28.

[212] 杜宇玮，刘东皇．中国生产性服务业发展对制造业升级的促进：基于DEA方法的效率评价 [J]．科技管理研究，2016，14：145～151.

[213] 郝国彩，张朕．我国生产性服务业与制造业关系的区域差异研究——基于两部门模型 [J]．南京审计大学学报，2016，4：21～29.

[214] 吴宏伟，殷李松，刘咏梅．长江经济带制造业对生产性服务业的空间效应研究 [J]．经济体制改革，2016，4：43～49.

[215] 宋德军．"哈大齐工业走廊"生产性服务业与制造业耦合发展研究 [J]．商业经济，2016，7：1～2.

[216] 李顺毅．生产性服务业发展与中国制造业出口的二元边际实证分析 [J]．统计与决策，2016（15）.

[217] 申明浩，卢小芳．生产性服务业对制造业产业高度的影响研究——基于省级动态面板数据的GMM估计 [J]．国际经贸探索，2016，8：26～40.

[218] 王佳，陈浩．城市规模、生产性服务业发展与制造业集聚——基于中国地级市面板数据的实证研究 [J]．中央财经大学学报，2016，11：84～94.

[219] 周静．生产性服务业与制造业互动的阶段性特征及其效应 [J]．改革，2014，11：45～53.

[220] 张亚军，干春晖，郑若谷．生产性服务业与制造业的内生与关联效应——基于投入产出结构分解技术的实证研究 [J]．产业经济研究，2014，6：81～90.

[221] 李富．中国制造业产业安全研究——基于生产性服务业发展视角 [J]．技术经济与管理研究，2015，2：125～128.

[222] 刘洁，李雪源，陈海波．中国生产性服务业与制造业融合发展的行业差异 [J]．中国科技论坛，2015，2：61～66.

[223] 唐晓华，姜博，夏茂森．基于产业关联的生产性服务业与制造业互动研究——以辽宁

省为例 [J]．商业经济研究，2015，8：129~131.

[224] 赵丽炯．价值链视角下生产性服务业与制造业的产业关联分析——以河南省为例 [J].
　　　 商业经济研究，2015，5：127~129.

[225] 楚明钦．上海生产性服务业与装备制造业融合程度研究——基于长三角及全国投入产
　　　 出表的比较分析 [J]．上海经济研究，2015，2：94~100.

[226] 汪本强，杨学春．区域性制造业与生产性服务业互动发展问题的研究述评及借鉴 [J].
　　　 经济问题探索，2015，4：186~190.

[227] 吴昌南，苏婷．生产性服务业促进制造业发展的实证研究 [J]．统计与决策，2015
　　　 (9)：149~152.

[228] 綦良群，阚锴．区域装备制造业与生产性服务业互动融合政策评估分析 [J]．哈尔滨
　　　 工业大学学报（社会科学版），2015，3：135~140.

[229] 林风霞，袁博．中国先进制造业与生产性服务业互动发展研究 [J]．区域经济评论，
　　　 2015，4：60~64.

[230] 祝佳．生产性服务业与制造业双重集聚效应研究——基于政府行为差异的视角 [J].
　　　 武汉大学学报（哲学社会科学版），2015，5：52~60.

[231] 尹洪涛．生产性服务业与制造业融合的主要价值增值点 [J]．管理学报，2015，8：
　　　 1204~1209.

[232] 韩惠民，杨上广．生产性服务业集聚对制造业生产率提升机制研究——以安徽省为例
　　　 [J]．商业经济研究，2015，25：115~117.

[233] 沈飞，吴解生，陈寿雨．生产性服务业对制造业集聚、竞争力提升的影响及两产业耦
　　　 合关联的实证研究 [J]．技术经济，2013，11：50~56.

[234] 夏杰长，张晓兵．生产性服务业推动制造业升级战略意义、实现路径与政策措施 [J].
　　　 中国社会科学院研究生院学报，2013，2：20~25.